© Assimil 2014
ISBN 978-2-7005-0669-3
ISSN 2266-1158
Grafisch ontwerp: Atwazart

Duits

Bettina Schödel

Nederlandse bewerking door
Carine Caljon

B.P. 25
94431 Chennevières sur Marne cedex
France

Deze uitgave pretendeert geenszins een taalcursus te vervangen, maar als u wat tijd investeert in het lezen ervan en een paar zinnen leert, zult u snel kunnen communiceren. Zo wordt alles anders en doet u nieuwe ervaringen op.

Een tip: ga niet op zoek naar perfectie! Uw gesprekspartners zullen u mogelijke beginnersfoutjes graag vergeven. **Het belangrijkste is uw complexen opzij te zetten en te durven praten.**

Deel I — INLEIDING — 9

Hoe gebruikt men deze gids? 9
Duitsland en Oostenrijk: feiten en cijfers 10
Duitsland en Oostenrijk: historische gegevens 11
De Duitse taal 12
Aanwijzingen bij de uitspraak 13

Deel II — KENNISMAKING MET HET DUITS — 15

Dag 1 tot 21 15

Deel III — CONVERSATIE — 57

Eerste contact 57
  Begroetingen en aansprekingen 57
  Wensen 58
  Akkoord gaan of niet 59
  Vragen en antwoorden 59
  Talen en erin begrepen worden 60

Mensen ontmoeten 61
  Elkaar ontmoeten 61
  Zich voorstellen 63
  Zeggen waar men vandaan komt 64
  Leeftijd 66
  Familie 67
  Werk en studies 70
  Religie en tradities 73
  Het weer 74
  Gevoelens en meningen 75

Uitnodigen en op bezoek gaan	75
Afspreken	76
Liefde	77

Tijd, datum en feesten — 78
Het uur	78
De datum	80
Tijdsaanduidingen en seizoenen	82
Feestdagen	83

Dringend hulp nodig — 84
Hulpdiensten	84
Onderweg	85

Infoborden en afkortingen — 86
Infoborden	86
Afkortingen	86

Reizen — 87
Paspoortcontrole en douane	87
Geld wisselen	88
Met het vliegtuig	88
Met de trein	90
Met de taxi	92
Met een tweewieler	92
Met de boot	92
Een auto huren	93
Met de auto	93

In de stad — 98
De weg vinden	98
Metro, bus en tram	100
Een tentoonstelling, museum of toeristische plaats bezoeken	100

Naar de bioscoop, het theater, een concert,...	102
Bezienswaardigheden	103
In het postkantoor	103
Telefoneren	104
Internet	106
Diefstal of verlies aangeven	107
In de bank	108
Bij de kapper	109

In de bergen, op het strand en op het platteland — 110

In de bergen	110
Op het strand of aan het zwembad	111
Op het platteland	112
Kamperen	112
Bomen, bloemen en planten	114
Dieren	114

Overnachten — 117

Een kamer reserveren	117
Aan de receptie	118
Hotelservice en ontbijt	118
Problemen	120
Afrekenen	121

Eten en drinken — 122

In een restaurant	122
Specialiteiten en traditionele gerechten	124
Etenswaar	126
Snacks	127
Bereidingswijzen en sauzen	128
Drank	129

Winkelen en souvenirs **131**
- Winkels en diensten 131
- Boeken, tijdschriften, kranten en papierwaren 134
- Muziek 134
- Wasserij en stomerij 135
- Kleren en schoenen 135
- Roken 138
- Fotograferen 139
- Boodschappen doen 140
- Souvenirs 142

Professionele situaties **143**
- Een afspraak regelen 143
- Het bedrijf 144
- Professioneel taalgebruik 145
- Beurzen, salons en expo's 147

Gezondheid **148**
- Bij de dokter 148
- Op de spoed 149
- Symptomen 149
- Pijn 150
- Lichaamsdelen 150
- Bij de vrouwenarts 152
- Medische zorgen 152
- Bij de tandarts 154
- Bij de opticien 154
- In de apotheek 155

Deel IV
THEMATISCHE INDEX 157

Inleiding

⌐ **Hoe gebruikt men deze gids**

Het gedeelte "Kennismaking"

U kunt dagelijks een halfuurtje vrijmaken? Drie weken na elkaar? Begin dan met het gedeelte "Kennismaking", 21 mini-lessen die u zonder nodeloos ingewikkeld te zijn de basis van de Duitse omgangstaal bijbrengen, datgene wat u nodig hebt om te praten en te begrijpen:
- lees de tekst van de les van de dag, zeg dan zelf de zinnen met behulp van het klankschrift en raadpleeg de vertaling (wanneer de structuur afwijkt van het Nederlands geven we ze ook "woord voor woord" weer);
- lees daarna de grammaticale aanwijzingen: ze leggen u kort en bondig een paar structuren uit zodat u al snel zelf aan de slag kunt;
- maak de oefening, kijk na of u alles juist hebt… en u bent klaar voor de les van de volgende dag!

Het gedeelte "Conversatie"

Voor alle courante situaties waarin u kunt terechtkomen tijdens uw reis, stelt het gedeelte "Conversatie" in deze gids u een volledige set hulpmiddelen ter beschikking: talrijke woorden en zinsstructuren, thematisch gerangschikt zodat u ze meteen in de gepaste context gebruikt, telkens met de Nederlandse vertaling en in klankschrift om de uitspraak te vergemakkelijken. Zelfs zonder voorafgaande kennis van het Duits wordt u met deze gebruiksklare "overlevingskit" een autonome reiziger.

↗ Duitsland en Oostenrijk: feiten en cijfers

	Duitsland	Oostenrijk
Oppervlakte	360.000 km²	84.000 km²
Bevolking	82 miljoen inwoners	iets meer dan 8 miljoen inwoners
Hoofdstad	Berlijn	Wenen
Zeegrenzen	Noordzee, Oostzee	geen
Landsgrenzen	Nederland, België, Luxemburg, Frankrijk, Zwitserland, Oostenrijk, Tsjechische Republiek, Polen, Denemarken	Tsjechische Republiek, Duitsland, Italië, Slovenië, Kroatië, Hongarije, Slovakije
Officiële taal	Duits	Duits
Staatsvorm	parlementaire democratie	parlementaire democratie
Nationale feestdag	3 oktober	26 oktober
Religies (belangrijkste)	protestantisme (vooral evangelisch), katholicisme	katholicisme

Duitsland (officieel **Bundesrepublik Deutschland** *[boendesreepʰoebliek dojtsjlant]* - *Bondsrepubliek Duitsland*) is het dichtstbevolkte land en de grootste economische macht in de Europese Unie (4ᵉ op wereldniveau). Het bestaat uit 16 autonome gebieden, met een grotere bevolkingsdichtheid in het Westen dan in het Oosten. Er bevinden zich inderdaad belangrijke stedelijke concentraties in het westen en zuiden van het land en 90 % van de bevolking woont in de stad, echter zonder dominerende metropool zoals Parijs of Londen. Er zijn in totaal 81 steden met meer dan 100.000 inwoners waarvan 4 met 1.000.000 of meer inwoners: **Berlin** *[bèᵉlien]* - *Berlijn* (hoofdstad sinds de eenmaking in 1990), **München** *[munch'n]*

- München, **Köln** *[kʰëln]* - Keulen en **Hamburg** *[hamboeᵉk]* - Hamburg. Oostenrijk - **Österreich** *[eustʰeᵉrajçh]*, langgerekter van vorm en zonder kustlijn, ligt in Centraal-Europa. De Alpen beslaan twee derden van de oppervlakte en het hoogste punt is de **Großglockner** *[GroosGlokneᵉ]* met zijn 3.797 m. De officiële taal is het Duits, maar het Europees Handvest erkent ook de streek- of minderheidstalen: Kroatisch, Hongaars en Sloveens.

⤳ Duitsland en Oostenrijk: historische gegevens

In de geschiedenis van Duitsland duikt dikwijls oorlog en verdeeldheid op, net als eeuwenlange Oostenrijkse overheersing. 1871 was een beslissend jaar. Toen werd de Duitse eenheid bezegeld en het Duitse keizerrijk - **das Kaiserreich** *[das kʰajzeᵉrajçh]* uitgeroepen. Dit stortte in na de Duitse nederlaag in de Eerste Wereldoorlog en maakte plaats voor de republiek, **das III Reich** *[das dritʰe rajçh]* - het Derde Rijk dat, op zijn beurt, eindigde in 1945. In 1949, in de context van de Koude Oorlog, ontstonden uit de bezette gebieden twee staten, **Westdeutschland** *[vèstdojtsjlant]* - West-Duitsland, onder Amerikaans protectoraat, en **Ostdeutschland** *[ostdojtsjlant]* - Oost-Duitsland, onder Sovjetgezag. Op 3 oktober 1990, acht maanden na de val van de Berlijnse muur, werd het land herenigd en sinds dan streeft het ernaar de eenheid terug te vinden. Ondanks alles blijft de grens bij sommigen, zelfs bij velen, mentaal aanwezig daar de verschillen gedurende de vijfenveertig jaar scheiding heel nadrukkelijk zijn geweest. Men spreekt nog vaak over de **neue und alte Bundesländer** *[noje oent altʰe boendeslèndeᵉ]* - nieuwe en oude deelstaten, de nieuwe verwijzend naar voormalig Oost-Duitsland. Zo hoort u ook wel de termen **Wessis** *[vèsies]* voor de mensen uit het Westen en **Ossis** *[osies]* voor die uit het Oosten, die enigszins pejoratief overkomen.

Nu is het een eerder klein land, maar Oostenrijk behoorde van 1278 tot 1918, behalve tussen 1308 en 1438, tot de Habsburgse dynastie en stond eeuwenlang aan het hoofd van het Heilige Roomse Rijk, tot het in 1806 werd opgeheven. Het Oostenrijkse keizerrijk beleefde zijn bloeiperiode in de eerste helft van de 19ᵉ eeuw en naast Oostenrijk omvatte het toen ook Hongarije, Bohemen, Galicië, het noorden van Italië, Kroatië en Slovenië. Geleidelijk aan begon het verval. Met een behoorlijk gekrompen territorium aanvaardde Oostenrijk de aansluiting - **Anschluss** *[ansjloes]* bij Duitsland tussen 1938 en 1945. Nadat Oostenrijk na de oorlog opnieuw een onafhankelijke republiek was geworden, slaagde het erin zijn economie herop te bouwen en sloot het zich in 1995 aan bij de Europese Unie. Vandaag telt het 9 **Bundesländer** *[boendeslèndeᵉ]* en de hoofdstad **Wien** *[vien]* - *Wenen* is veruit de dichtstbevolkte stad met zowat 1.700.000 inwoners, gevolgd door **Graz** *[Graats]* met 250.000 inwoners, **Linz** *[lints]* met 190.000 inwoners en **Salzburg** *[zaltsboeᵉk]* met 150.000 inwoners.

↗ De Duitse taal

Duits is met ongeveer 100 miljoen sprekers de meest gesproken moedertaal in de Europese Unie, namelijk door bijna een kwart van de huidige Europese bevolking. Het is de officiële taal van Duitsland, Oostenrijk en Liechtenstein, en een van de officiële talen in België, Luxemburg, Zwitserland, Italië en Denemarken. Het wordt ook gesproken in o.a. sommige landen van het vroegere Oostblok.

In deze uitgave bieden wij u het standaard Duits aan, het **Hochdeutsch** *[hoochdojtsj]*, waarin u gemakkelijk zult kunnen communiceren in alle Duitssprekende landen. U zult evenwel merken dat er vele streektalen bestaan met hun typische eigenschappen qua uitspraak en woordenschat en soms zelfs qua grammatica. Sommige naamwoorden kunnen mannelijk of vrouwelijk zijn, bijv. *de boter* als **der Butter** *[dee^e (m.) boet^he^e]* in Duitstalig Zwitserland en *[die (v.) boet^he^e]* in Duitsland.

Voor een Nederlandstalige is Duits leren niet zo moeilijk: de grammatica is logisch en gestructureerd (en die verbuigingen vallen heus wel mee...) en bovendien komen er geen vreemde klanken in voor.

⤻ Aanwijzingen bij de uitspraak

Duits uitspreken is voor een Nederlandstalige vrij gemakkelijk.

Let wel op bij het volgende:

klinker(combinatie)s:
· net als in het Nederlands kunnen Duitse klinkers lang of kort uitgesproken worden, bijv. **dort** *[do^et]* - *daar*, **groß** *[Groos]* - *groot*
· daarnaast kan een **e** ook dof of ingeslikt klinken, bijv. **habe** *[haabe]* - *heb*, **haben** *[haab'n]* - *hebben*
· let op met de Duitse **u** die als onze oe uitgesproken wordt (**gut** *[Goet]* - *goed*), de **äu** en de **eu** als *[oj]* (**Kräuter** *[krojt^he^e]* - *kruiden*, **neu** *[noj]* - *nieuw*) en de **ei** als *[aj]* (**klein** *[klajn]* - *klein*)
· het Duitse alfabet kent ook de klinkers **ä** (*[ē(è)]* maar ook vaak *[ee]*: **spät** *[sjp^hèèt/sjp^heet]* - *laat*), **ö** (*[ë]* als in 'freule' of *[eu]* als in 'deur': **Köln** *[k^hëln]* - *Keulen*, **hören** *[heur'n]* - *horen*) en **ü** (*[u(u)]*: **Glück** *[Gluk]* - *geluk*, **für** *[fuu^e]* - *voor*)

medeklinker(combinatie)s:
· typisch Duits is de medeklinker **ß** die als *[s]* uitgesproken wordt: **groß** *[Groos]* - *groot*
· een **c** kan uitgesproken worden als *[k]* en *[ts]*: **Cousine** *[k^hoezien^e]* - *nicht*, **Celsius** *[tsèlsioes]* - *Celsius*

- **ch** kan uitgesproken worden als in 'wiegje' [çh] (**ich** [içh] - ik), als in 'lachen' [ch] (**Nacht** [nacht] - nacht) en als [k] in de combinatie **chs** (**Lachs** [laks] - zalm)
- **g** wordt uitgesproken als in 'zakdoek' [G] (**Gelt** [Gèlt] - geld), maar **-g** als in 'tak' [k] (**Tag** [tʰaak] - dag) en **-ig** met [çh] (hoewel ook vaak met [k]: **dreißig** [drajsiçh/drajsik] - dertig)
- na een klinker dient een **h** alleen om deze te verlengen: **Sohn** [zoon] - zoon
- doorgaans wordt **r** na een klinker uitgesproken als een korte doffe e [ᵉ]: **Keller** [kʰèleᵉ] - kelder
- **s** kan uitgesproken worden als [s] (**Bus** [boes] - bus), als [z] (**Soße** [zoose] - saus) of als in 'sjofel' [sj] voor **p** of **t** (**Sport** [sjpʰoᵉt] - sport); de combinatie **sch** klinkt als [sj]: **schön** [sjeun] - mooi
- doorgaans neigt een **v** naar [f] (**Vater** [faatʰeᵉ] - vader) en een **w** naar [v] (**was** [vas] - wat)
- een **z** klinkt standaard als [ts]: **ganz** [Gants] - heel
- een **k-**, **p-** en **t**-klank wordt voor een klinker aangeblazen [kʰ, pʰ, tʰ]: **Katze** [kʰatse] - kat, **Cousine** [kʰoezieneᵉ] - nicht, **Apparat** [apʰaraat] - toestel, **Tier** [tʰieᵉ] - dier
- **-b** en **-d** worden bij klankassimilatie stemloos [p] resp. [t]: **verabreden** [fèᵉapreed'n] - afspreken, **Hund** [hoent] - hond

Op de flappen van dit boekje vindt u een tabel met meer gedetailleerde aanwijzingen bij de uitspraak.

We beperken ons in deze uitgave tot de standaarduitspraak van het Duits. De vele regionale varianten worden buiten beschouwing gelaten.

Kennismaking met het Duits

↗ Dag 1

Es geht los!
Daar gaan we!

1 **der Mann**
dee^e man
de man

2 **die Frau**
die frau
de vrouw

3 **das Mädchen**
das mèèdch'n
het meisje

4 **die Jungen**
die joeng'n
de jongens

Grammaticale opmerkingen

Het Duits kent, net als het Nederlands, drie geslachten: **der Mann** - *de man* (mannelijk), **die Frau** - *de vrouw* (vrouwelijk), **das Kind** - *het kind* (onzijdig). Het geslacht is soms herkenbaar aan de uitgang van het zelfstandig naamwoord, bijv. **-chen** bij onzijdig, zoals in **das Mädchen** - *het meisje*. Vreemde woorden zijn ook vaak onzijdig, behalve die op **-e** die vrouwelijk zijn.

Bij elk geslacht hoort in het enkelvoud een bepaald lidwoord: **der** bij mannelijk enkelvoud, **die** bij vrouwelijk enkelvoud, **das** bij onzijdig enkelvoud; **die** geldt voor het meervoud van alle drie.

	Mannelijk	Vrouwelijk	Onzijdig	Meervoud
Nominatief	der	die	das	die

In deze les beginnen we met de eerste naamval van de verbuigingen, de nominatief, die het onderwerp aanwijst. Er zijn in totaal vier naamvallen en het lidwoord kan in functie daarvan veranderen.

Merk op dat alle zelfstandige naamwoorden met een hoofdletter geschreven worden. Buiten deze bijzonderheid, gelden in het Duits dezelfde regels voor hoofd- en kleine letters.

↗ **Dag 2**

Wie sieht er aus?
Hoe ziet hij eruit?

1 Dieser Herr ist alt. Diese Herren sind alt.
dieze hèe ist alt. dieze hèr'n zint alt
deze heer is oud. deze heren zijn oud
Deze meneer is oud. Deze heren zijn oud.

2 Diese Dame ist jung. Diese Damen sind jung.
dieze daame ist joeng. dieze daam'n zint joeng
deze dame is jong. deze dames zijn jong
Deze mevrouw is jong. Deze dames zijn jong.

3 Dieses Kind ist klein. Diese Kinder sind klein.
diezes kʰint ist klajn. dieze kʰindee zint klajn
Dit kind is klein. Deze kinderen zijn klein.

4 Diese Jungen sind groß.
dieze joeng'n zint Groos
Deze jongens zijn groot.

Grammaticale opmerkingen
Het aanwijzend voornaamwoord wordt verbogen zoals het bepaald lidwoord **der**:

	Mannelijk	Vrouwelijk	Onzijdig	Meervoud
Nominatief	dies**er**	dies**e**	dies**es**	dies**e**

De meervoudsregel voor zelfstandige naamwoorden is vrij complex en bevat veel uitzonderingen of uitgangen. Daarom duiden we in deze gids, waar nodig, deze meervoudsvormen aan.

Oefening – Vertaal de volgende zinnen
1. Deze jongen is klein.
2. Dit meisje is klein.
3. **Dieser Mann ist alt.**
4. **Diese Mädchen sind jung.**

Oplossing
1. **Dieser Junge ist klein.**
2. **Dieses Mädchen ist klein.**
3. Deze man is oud.
4. Deze meisjes zijn jong.

↗ Dag 3

Wer sind diese Leute?
Wie zijn deze mensen?

1 Wer ist das?
vee^e ist das
Wie is dat?

2 Das ist eine Freundin von Peter.
*das ist **a**jne fr**o**jndin fon p^h**eet**^he^e*
Dat is een vriendin van Peter.

3 Das sind Freunde von Peter.
*das zint fr**o**jnde fon p^h**eet**^he^e*
Dat zijn vrienden van Peter.

4 Ich bin keine Freundin von Peter.
*içh bin k^h**a**jne fr**o**jndin fon p^h**eet**^he^e*
Ik ben geen vriendin van Peter.

Grammaticale opmerkingen

Er wordt in het enkelvoud een onbepaald lidwoord gebruikt bij de drie geslachten: **ein**, **eine**, **ein** - *een*; er is geen meervoudsvorm (zin 3). **Kein**, **keine** is de ontkennende vorm die overeenkomt met *geen*.

	Mannelijk	Vrouwelijk	Onzijdig	Meervoud
Nominatief	ein/kein	eine/keine	ein/kein	- /keine

Noteer al dat het vraagwoord **wer** - *wie* eveneens verbogen wordt.

Merk op dat **das** niet alleen het onzijdig bepaald lidwoord is (les 1), maar ook vertaald kan worden door *dat, dit*.

Oefening – Vertaal de volgende zinnen
1. Dat zijn geen kinderen.
2. Dat zijn kinderen.
3. **Das ist ein Junge.**
4. **Das ist ein Mädchen.**

Oplossing
1. **Das sind keine Kinder.**
2. **Das sind Kinder.**
3. Dat is een jongen.
4. Dat is een meisje.

⤴ Dag 4

Hallo, wie heißen Sie?
Hallo, hoe heet u?

1 Wie ist dein Name?
vie ist dajn naame
hoe is jouw naam
Wat is je naam?

2 Was bist du von Beruf?
vas bist doe fon beroef
wat bent jij van beroep
Wat is je beroep?

3 Ich bin Lehrer.
içh bin leere^e
Ik ben leraar.

4 Sie wird Lehrerin.
zie virt leererin
Ze wordt lerares.

Grammaticale opmerkingen

We zien nu de vervoeging in de o.t.t. van **sein** - *zijn* en **werden** - *worden*, samen met de persoonlijke voornaamwoorden in de nominatief. Weet al dat **sein** ook als hulpwerkwoord fungeert bij het vormen van de v.t.t. en de v.v.t., en dat **werden** gebruikt wordt in de toekomende tijd, voorwaardelijke wijs en passieve vorm.

	ich *ik*	du *jij, je*	er/sie/es *hij/zij, ze/het*	wir *wij, we*	ihr *jullie*	sie/Sie *zij, ze/u*
sein	bin	bist	ist	sind	seid	sind
werden	werde	wirst	wird	werden	werdet	werden

KENNISMAKING MET HET DUITS

Opmerking: **sie** is het persoonlijk voornaamwoord vrouwelijk enkelvoud en mannelijk/vrouwelijk meervoud, zoals het Nederlandse *zij, ze*; **Sie** met een hoofdletter komt overeen met de beleefdheidsvorm *u* die in het Duits vervoegd wordt in de 3^e persoon meervoud.

U kent er nu twee vraagwoorden bij: **wie** - *hoe* (dat we hier vertaalden door *wat*) en **was** - *wat*.

Oefening – Vertaal de volgende zinnen
1. Zijn jullie vrienden van Sabine?
2. Bent u de man van Sabine?
3. **Ich werde Lehrer.**
4. **Du bist jung.**

Oplossing
1. Seid ihr Freunde von Sabine?
2. Sind Sie der Mann von Sabine?
3. Ik word leraar.
4. Jij bent jong.

↗ Dag 5

Was machen Sie?
Wat doet u?

1 Ich lerne Deutsch.
ich lè^ene dojtsj
Ik leer Duits.

2 Er studiert an der Universität.
ee^e sjt^hoedie^et an dee^e oenievè^eziet^hèèt
Hij studeert aan de universiteit.

3 Studiert ihr auch?
sjt^hoedie^et ie^e auch
Studeren jullie ook?

4 Wir studieren nicht, wir arbeiten.
vie^e sjt^hoedier'n nicht vie^e a^ebajt'n
We studeren niet, we werken.

Grammaticale opmerkingen

De o.t.t. wordt meestal gevormd door de stam (werkwoord zonder de infinitiefuitgang **-en** voor alle werkwoorden behalve **sein**) + een uitgang (zie tabel). Werkwoorden waarvan de stam eindigt op **-t**, zoals **arbeiten** - *werken*, lassen een **tussen-e** in bij de 2^e persoon enkelvoud en meervoud en bij de 3^e persoon enkelvoud:

	ich	du	er/sie/es	wir	ihr	sie/Sie
kommen	komme	kommst	kommt	kommen	kommt	kommen
studieren	studiere	studierst	studiert	studieren	studiert	studieren
arbeiten	arbeite	arbeitest	arbeitet	arbeiten	arbeitet	arbeiten

Oefening – Vertaal de volgende zinnen
1. Kom je?
2. Werkt u aan de universiteit?
3. **Sie studieren in Berlin.**
4. **Arbeitet ihr aus?**

Oplossing
1. **Kommst du?**
2. **Arbeiten Sie an der Universität?**
3. Ze studeren/U studeert in Berlijn.
4. Werken jullie ook?

↗ **Dag 6**

Im Ausland!
In het buitenland!

1 Wohin fährt sie? – Nach Deutschland.
*voohien fèè*ᵉ*t zie – nach do**j**tsjlant*
waarheen rijdt zij – naar Duitsland
Waar gaat ze heen? – Naar Duitsland.

2 Wo wohnst du? – In Wien.
voo voonst doe – in vien
Waar woon je? – In Wenen.

3 Woher kommen Sie? – Aus Brüssel.
*voohee*ᵉ *kʰom'n zie – aus brus'l*
waarvandaan komt u – uit Brussel
Waar komt u vandaan? – Uit Brussel.

4 Sprichst du Deutsch?
sjprichst doe dojtsj
Spreek je Duits?

Grammaticale opmerkingen

Sommige werkwoorden zijn onregelmatig in de o.t.t. Hun stam verandert in de 2ᵉ en 3ᵉ persoon enkelvoud: **a** wordt **ä**, **e** wordt **i** of soms **ie**. Noteer al dat deze werkwoorden ook onregelmatig zijn in de verleden tijd (les 19 en 20).

	ich	du	er/sie/es	wir	ihr	sie/Sie
fahren	fahre	fährst	fährt	fahren	fahrt	fahren
sprechen	spreche	sprichst	spricht	sprechen	sprecht	sprechen

Let op: bij inversie van werkwoord en 2ᵉ persoon enkelvoud valt de -t niet weg in het Duits (zin 2 en 4).

Bij plaatsaanduidingen zijn de volgende vraagwoorden nuttig: **wo** - *waar*, **wohin** - *waarheen, waar naartoe* en **woher** - *waarvandaan*; en de voorzetsels **in** - *in*, **aus** - *uit, van*, **nach** - *naar* gevolgd door de naam van een land, stad, plaats,...

Een paar landnamen staan met een lidwoord, bijv. **die Schweiz** - *Zwitserland*. In dat geval is in het antwoord op de vraag **wohin** het voorzetsel **in** en niet **nach** vereist: **Ich fahre in die Schweiz.** - *Ik ga naar Zwitserland.*, waarbij **in** dan een bestemming en niet de plaats waar men zich bevindt uitdrukt. Voor **wo** en **woher** verandert er evenwel niets.

Voor verplaatsingen gebruikt het Duits o.a. de volgende werkwoorden: **gehen** - *(te voet) gaan, lopen*, **fahren** - *rijden, (met een voertuig) gaan*, **fliegen** - *vliegen, met het vliegtuig gaan*.

Oefening – Vertaal de volgende zinnen
1. Ze spreekt Duits.
2. Ga jij (met de auto) naar Berlijn?
3. **Woher kommen sie?**
4. **Er kommt nicht aus Bonn.**

Oplossing
1. **Sie spricht Deutsch.**
2. **Fährst du nach Berlin?**
3. Waar komen ze vandaan?
4. Hij komt niet uit Bonn.

⌐ Dag 7

Zu Befehl!
Tot uw orders!

1. **Fahr nicht zu schnell!**
   faaᵉ nicht tsoe sjnèl
   Rijd niet te snel!

2. **Kommen Sie früh!**
   kʰom'n zie fruu
   Komt u vroeg!

3. **Sprich bitte langsamer!**
   sjprich bitʰe langzaameᵉ
   Spreek alsjeblieft langzamer!

4. **Ruf sie an!**
   roef zie an
   Bel haar op!

Grammaticale opmerkingen
Het Duitse imperatiefgebruik is vergelijkbaar met het Nederlandse:
Komm! - *Kom!*
Kommen wir (...)! - *Laten we (...) komen!*
Kommt! - *Komen jullie!*
Kommen Sie! - *Komt u!*

Sprich Deutsch! - *Spreek Duits!*
Sprechen wir Deutsch! - *Laten we Duits spreken!*
Sprecht Deutsch! - *Spreken jullie Duits!*
Sprechen Sie Deutsch! - *Spreekt u Duits!*

Vorming van de imperatief: in de 2e persoon enkelvoud valt de o.t.t.-uitgang **-st** weg en bij een werkwoord als **fahren** - *rijden, gaan* ook het trema; de 2e persoon meervoud komt overeen met de o.t.t.; de 1e persoon meervoud en de beleefdheidsvorm bestaan uit de werkwoordsvorm + het onderwerp.

Anrufen (zin 4) wordt gebruikt in de betekenis van *(op)bellen*, terwijl **rufen** op zich *roepen* betekent. Let op: het Duitse **bellen** komt overeen met ons *blaffen*!

Oefening – Vertaal de volgende zinnen
1. Kom vlug!
2. Ik studeer geen Duits.
3. **Arbeitet bitte!**
4. **Rufen Sie sie an!**

Oplossing
1. **Komm schnell!**
2. **Ich studiere kein Deutsch.**
3. Werken jullie, alsjeblieft!
4. Belt u haar op!

Dag 8

Sich kennen lernen
Kennismaken

1 Kennst du den Herrn da? – Nein, ich kenne ihn nicht.
kʰènst doe deen hèʳn daa – najn içh kʰène ien niçht
Ken jij die meneer daar? – Nee, ik ken hem niet.

2 Freut mich, dich kennen zu lernen.
frojt miçh diçh kʰèn'n tsoe lèʳn'n
verheugt mij jou kennen te leren
Ik ben blij je te leren kennen.

3 Ich treffe sie zum ersten Mal.
içh trèfe zie tsoem èʳst'n maal
ik ontmoet haar voor-de eerste maal
Ik ontmoet haar voor 't eerst.

4 Für wen ist das? – Für dich.
fuuʳ veen ist das – fuuʳ diçh
Voor wie is dat? – Voor jou.

Grammaticale opmerkingen

We maken kennis met de accusatief. Hij beantwoordt de vraag
wen - *wie* of **was** - *wat* en wijst een lijdend voorwerp aan, zoals
jemanden/etwas kennen - *iemand/iets kennen*. Bovendien is
deze zgn. 4ᵉ naamval ook nodig na bepaalde voorzetsels, o.a.
für - *voor* en **durch** - *door*, en bij sommige werkwoorden, o.a.
brauchen - *nodig hebben*.

Let op: sommige werkwoorden vereisen in het Duits de accusatief waar in het Nederlands een meewerkend voorwerp hoort en vice versa, bijv. **jemanden fragen** - *(aan) iemand vragen*: **ich frage den Mann** - *ik vraag aan de man*.

Oefening – Vertaal de volgende zinnen

1. Heb je een tas nodig?
2. Het kind heeft een identiteitsbewijs bij zich.
3. **Hast du eine Tasche?**
4. **Wir haben keinen Koffer.**

Oplossing

1. **Brauchst du eine Tasche?**
2. **Das Kind hat einen Ausweis dabei.**
3. Heb je een tas?
4. We hebben geen koffer.

↗ Dag 10

Die Familie vorstellen
De familie voorstellen

1 **Ich weiß nicht, wer dein Bruder ist.**
içh vajs nicht vee^e dajn broede^e ist
Ik weet niet wie jouw broer is.

2 **Das ist Paul. Seine Mutter ist Deutsche.**
das ist p^haul. zajne moet^he^e ist dojtsje
Dit is Paul. Zijn moeder is Duitse.

3 **Das ist Sabine. Ihr Vater ist Deutscher.**
das ist zabiene. ie^e faat^he^e ist dojtsje^e
Dit is Sabine. Haar vader is Duitser.

4 **Kennst du meine Schwester?**
k^hènst doe majne sjvèst^he^e
Ken je mijn zus?

Grammaticale opmerkingen

In deze les maken we kennis met het bezittelijk voornaamwoord. Let op bij de 3e persoon enkelvoud: bij een mannelijke of onzijdige eigenaar is het bezittelijk voornaamwoord **sein(e)**, bij een vrouwelijke **ihr(e)**. Voor de mannelijke en vrouwelijke 3^e persoon meervoud is het eveneens **ihr(e)** en bij de beleefdheidsvorm hoort **Ihr(e)** (met een hoofdletter).

De verbuiging van het bezittelijk voornaamwoord is in het enkelvoud dezelfde als voor **ein**, bijv. **(m)ein** mannelijk/onzijdig nominatief, **(m)einen** mannelijk accusatief en **(m)eine** vrouwelijk nominatief/accusatief; in het meervoud zoals die van **keine**-meervoud.

Nominatief	ich	du	er/es	sie	wir	ihr	sie/Sie
Mannelijk/Onzijdig enkelvoud	mein	dein	sein	ihr	unser	euer	ihr/Ihr
Vrouwelijk enkelvoud/Meervoud	meine	deine	seine	ihre	unsere	eure	ihre/Ihre

Het werkwoord **wissen** - *weten* in de o.t.t.:

	ich	du	er/sie/es	wir	ihr	sie/Sie
wissen	weiß	weißt	weiß	wissen	wisst	wissen

Oefening – Vertaal de volgende zinnen

1. Waar woont je broer?
2. Waar studeren uw kinderen?
3. **Unsere Mutter ist in München.**
4. **Ich kenne seine Mutter.**

Oplossing

1. **Wo wohnt dein Bruder?**
2. **Wo studieren Ihre Kinder?**
3. Onze moeder is in München.
4. Ik ken zijn moeder.

↗ **Dag 11**

Zu Fuß? Nein!
Te voet? Nee!

1 Er will mit dem Bus fahren.
ee^e vil mit deem boes faar'n
hij wil met de bus rijden
Hij wil met de bus gaan/de bus nemen .

2 Sie kann Auto fahren.
zie k^{h}an aut^{h}o faar'n
ze kan auto rijden
Ze kan autorijden.

3 Wir mussten auf den Zug warten.
vie^e moest'n auf deen tsoek va^{e}t'n
We moesten op de trein wachten.

4 Im Flugzeug darf man nicht rauchen.
im floektsojk da^{e}f man nicht rauch'n
in-het vliegtuig mag men niet roken
In het vliegtuig mag men niet roken.

Grammaticale opmerkingen

Dit hoofdstuk behandelt de modale werkwoorden **müssen** - *moeten* (verplicht), **sollen** - *moeten* (minder dwingend of moreel), **dürfen** - *mogen* (toestemming hebben), **wollen** - *willen* en **können** - *kunnen*. Zoals in het Nederlands wordt een modaal werkwoord gebruikt met een werkwoord in de infinitief dat de zin afsluit (of soms verzwegen wordt).

O.t.t. en o.v.t. van de modale werkwoorden:

	ich	du	er/sie/es	wir	ihr	sie/Sie
müssen	muss musste	musst musstest	muss musste	müssen mussten	müsst musstet	müssen mussten
sollen	soll sollte	sollst solltest	soll sollte	sollen sollten	sollt solltet	sollen sollten
dürfen	darf durfte	darfst durftest	darf durfte	dürfen durften	dürft durftet	dürfen durften
wollen	will wollte	willst wolltest	will wollte	wollen wollten	wollt wolltet	wollen wollten
können	kann konnte	kannst konntest	kann konnte	können konnten	könnt konntet	können konnten

Oefening – Vertaal de volgende zinnen

1. Ze kan Duits spreken.
2. Ze kon niet komen.
3. **Sie müssen langsamer fahren.**
4. **Du darfst nicht rauchen.**

Oplossing

1. **Sie kann Deutsch (sprechen).**
2. **Sie konnte nicht kommen.**
3. Ze moeten/U moet langzamer rijden.
4. Je mag niet roken.

↗ **Dag 12**

Was wünschen Sie?
Wat wenst u?

1   Ich würde gern/möchte ins Kino gehen.
   içh vu^ede Gè^en/mëçht^he ins k^hienoo Gee^n
   ik zou graag/zou-willen in-de bioscoop gaan
   Ik zou graag naar de bioscoop gaan.

2   Was würdest du gern/möchtest du essen?
   vas vu^edest doe Gè^en/mëçht^hest doe ès'n
   wat zou jij graag/zou-willen jij eten
   Wat zou je graag eten?

3   Ich möchte/hätte gern ein Bier.
   içh mëçht^he/hèt^he Gè^en ajn bie^e
   ik zou-willen/zou-hebben graag een bier
   Ik had graag een biertje.

4   Was möchten/hätten Sie gern zum Frühstück?
   vas mëçht'n/hèt'n zie Gè^en tsoem fruusjt^huk
   wat zou-willen/zou-hebben u graag voor-het vroegstuk
   Wat wilt u graag als ontbijt?

Grammaticale opmerkingen

Hier staan een paar werkwoorden in de conjunctief II, een voorwaardelijke wijs waarmee men een wens uitdrukt. Zo kan *ik zou graag (willen)* + infinitief vertaald worden door **ich möchte** of **ich würde gern** + infinitief (die de zin afsluit), *ik zou/had/wil graag...* door **ich möchte...** of **ich hätte gern...**

	ich	du	er/sie/es	wir	ihr	sie/Sie
mögen	möchte	möchtest	möchte	möchten	möchtet	möchten
werden	würde	würdest	würde	würden	würdet	würden
haben	hätte	hättest	hätte	hätten	hättet	hätten

Opmerking: de toekomende tijd wordt gevormd met **werden** als hulpwerkwoord + het hoofdwerkwoord in de infinitiefvorm op het einde van de zin, de passieve vorm met **werden** als hulpwerkwoord + het voltooid deelwoord van het hoofdwerkwoord op het einde van de zin. U vindt hiervan een paar voorbeelden in het gedeelte "Conversatie".

Oefening – Vertaal de volgende zinnen
1. Waar zou u graag wonen?
2. We zouden graag naar Berlijn gaan.
3. **Er möchte/würde gern in Österreich studieren.**
4. **Er möchte/hätte gern seinen Koffer.**

Oplossing
1. **Wo möchten Sie/würden Sie gern wohnen?**
2. **Wir möchten/würden gern nach Berlin fahren.**
3. Hij zou graag in Oostenrijk studeren.
4. Hij wil graag zijn koffer (hebben).

↗ Dag 13

Habe ich Post?
Heb ik post?

1 Wem schickst du eine Mail?
veem sjikst doe ajne meejl
Wie stuur je een mail?

2 Ich schicke dir morgen den Brief.
ich sjikʰe dieᵉ moᵉGʼn deen brief
Ik verstuur jou morgen de brief.

3 Kannst du bitte den Eltern eine Mail schreiben?
kʰanst doe bitʰe deen èlteᵉn ajne meejl sjrajbʼn
kan jij alsjeblieft de ouders een mail schrijven
Kan je alsjeblieft een mail schrijven naar de ouders?

4 Kannst du mir bitte Briefmarken geben?
kʰanst doe mieᵉ bitʰe briefmaaᵉkʼn Geebʼn
Kan je me postzegels geven, alsjeblieft?

Grammaticale opmerkingen
Met de datief, de zgn. 3ᵉ naamval, wordt het meewerkend voorwerp aangewezen, bijv. **jemandem etwas schicken** - *iemand iets toesturen, iets naar iemand sturen*, wat de vraag **wem?** - *naar/aan/met/tegen/... wie?* beantwoordt. En net als bij de accusatief zijn er "valse vrienden", bijv. **jemandem helfen** - *iemand helpen* (a.h.w. *"aan iemand hulp bieden"*) en vereisen sommige werkwoorden (zoals **helfen** - *helpen*) en voorzetsels een datief. Let op: in de datief meervoud krijgen zelfstandige naamwoorden systematisch een **-n**, bijv. **die Kinder** (nom. mv.) → **den Kindern** (dat. mv.).

Het bepaald lidwoord en het aanwijzend voornaamwoord in de drie naamvallen die we al kennen:

	Mannelijk	Vrouwelijk	Onzijdig	Meervoud
Nominatief	der/dieser	die/diese	das/dieses	die/diese
Accusatief	den/diesen	die/diese	das/dieses	die/diese
Datief	dem/diesem	der/dieser	dem/diesem	den/diesen

De persoonlijke voornaamwoorden in de drie naamvallen die we al kennen:

Nominatief	ich	du	er/sie/es	wir	ihr	sie/Sie
Accusatief	mich	dich	ihn/sie/es	uns	euch	sie/Sie
Datief	mir	dir	ihm/ihr/ihm	uns	euch	ihnen/Ihnen

Zoals bij de accusatief komen de wederkerende voornaamwoorden in de datief overeen met de persoonlijke voornaamwoorden in die naamval, behalve de 3ᵉ persoon enkelvoud en meervoud (**sich** en **sich**).

Oefening – Vertaal de volgende zinnen
1. Kan je ons helpen?
2. Ik verstuur je een brief.
3. **Gib es mir!**
4. **Kannst du ihm schreiben?**

Oplossing
1. **Kannst du uns helfen?**
2. **Ich schicke dir einen Brief.**
3. Geef het me!
4. Kan je hem schrijven?

↗ **Dag 14**

Mir ist schlecht
Ik voel me slecht

1 Mit wem möchten Sie einen Termin?
mit veem mëcht'n zie ajn'n t^{h}è^{e}mien
met wie zou-willen u een afspraak
Met wie zou u een afspraak willen?

2 Ich muss zum Arzt.
içh moes tsoem a^{e}tst
ik moet naar-de dokter
Ik moet naar de dokter (gaan).

3 Wir müssen bei einer Apotheke anhalten.
vie^e mus'n baj ajne^e ap^{h}ot^{h}eek^{h}e anhalt'n
We moeten bij een apotheek stoppen.

4 Geht es deinem Mann besser?
Geet ès dajn'm man bèse^e
gaat het jouw man beter
Gaat het beter met jouw man?

Grammaticale opmerkingen

In de voorbeelden kunt u de onbepaalde lidwoorden en het bezittelijk voornaamwoord in de datief terugvinden, net als een paar voorzetsels waarop een datief moet volgen: **bei** - *bij* (plaats), *in*,... **mit** - *met*, **zu** - *naar, bij* (bestemming),...
U hebt al opgemerkt dat een lidwoord samengetrokken kan worden met een voorzetsel, bijv. **zu dem** dat **zum** wordt (zin 2).

Mannelijk ev.	Vrouwelijk ev.	Onzijdig ev.	Meervoud
einem/meinem	einer/meiner	einem/meinem	- /meinen

Onthoud dat het ontkennend lidwoord **kein** verbogen wordt zoals **ein**, bijv. **kein** (nom. m.ev.), **keinem** (dat. m.ev.).

Oefening – Vertaal de volgende zinnen
1. We zijn bij mijn broer.
2. Hoe gaat het met je ouders?
3. **Er möchte mit der Dame sprechen.**
4. **Ich möchte meiner Frau eine Mail schicken.**

Oplossing
1. **Wir sind bei meinem Bruder.**
2. **Wie geht es deinen Eltern?**
3. Hij zou met de dame willen spreken.
4. Ik zou mijn vrouw een mail willen sturen.

↗ Dag 15

Was möchtest du machen?
Wat zou je willen doen?

1 Möchtest du am Montag ins Kino gehen?
mëchtʰest doe am moontʰaak ins kʰienoo Gee'n
zou-willen jij op-de maandag in-de bioscoop gaan
Zou je maandag naar de bioscoop willen gaan?

2 Möchtest du im Juni an die Nordsee fahren?
mëchtʰest doe im joeni an die noᵉtzee faar'n
zou-willen jij in-de juni naar de Noordzee rijden
Zou je in juni naar de Noordzee willen gaan?

3 Ich war gestern im Theater.
içh vaaᵉ Gèstʰeᵉn im tʰeeaatʰeᵉ
ik was gisteren in-het theater
Ik was gisteren in het theater.

4 Im Herbst war ich im Gebirge.
im hèᵉbst vaaᵉ içh im GebieᵉGe
in-de herfst was ik in-de bergen
In de herfst was ik in de bergen.

Grammaticale opmerkingen

Sommige voorzetsels kunnen met verschillende naamvallen voorkomen: **an** - *aan, naar*, **auf** - *op*, **in** - *in, naar*, **unter** - *onder*, ... Het zijn voorzetsels van plaats waarop de accusatief volgt wanneer het een richting, een verplaatsing betreft (de plaats waar men heen gaat of vandaan komt) en waarop de datief volgt bij de plaats waar men/iets zich bevindt. Ook hier zijn samentrekkingen mogelijk: **an dem → am, in das → ins, in dem → im**, enz.

Daarnaast kunnen **an** en **in** ook gebruikt worden als voorzetsels van tijd, in welk geval er de datief op volgt, bijv.: **am** + dag van de week en **im** + maand/seizoen.

Oefening – Vertaal de volgende zinnen
1. Gisteren was ik in de bioscoop.
2. Het is in de auto.
3. **Ich möchte ins Gebirge fahren.**
4. **Sie wohnen an der Nordsee.**

Oplossing
1. **Gestern war ich im Kino.**
2. **Es ist im Auto.**
3. Ik zou naar de bergen willen gaan.
4. Ze wonen aan de Noordzee.

↗ **Dag 16**

Lass uns vergleichen!
Laat ons vergelijken!

1 Ich bin so alt wie du.
içh bin zoo alt vie doe
Ik ben zo oud als jij.

2 Sabine ist kleiner als Paul, aber Peter ist am kleinsten.
zabiene ist klajne⁰ als pʰaul aabeᵉ pʰeetʰeᵉ ist am klajnst'n
Sabine is kleiner dan Paul maar Peter is aan-de kleinste
Sabine is kleiner dan Paul, maar Peter is de kleinste.

3 Ich brauche eine kleinere Tasche.
içh brauche ajne klajnere tʰasje
Ik heb een kleinere tas nodig.

4 Ich bin die älteste Schülerin der Klasse.
içh bin die èltʰestʰe sjuulerin deeᵉ klase
Ik ben de oudste leerlinge van de klas.

Grammaticale opmerkingen

Laten we even wat vergelijken: *zo/even... als...* wordt vertaald door **so... wie...**; voor de comparatief voegt men aan het bijvoeglijk naamwoord de uitgang **-er** toe en voor de superlatief **-st** + telkens de adjectiefuitgang (zie verbuigingstabel op de flap). Bij bijwoordelijk gebruik kan de superlatief ook met **am** + uitgang **-sten** gevormd worden. Merk op dat bepaalde bijvoeglijke naamwoorden een trema krijgen (zin 4).

Let op bij onregelmatige vormen, bijv. **gut** - *goed*, **besser** - *beter*, **der/die/das beste/am besten** - *de/het beste*; **viel** - *veel*, **mehr** - *meer*, **meist** - *meest*; **nah** - *dichtbij*, **näher** - *dichterbij*, **nächst** - *dichtstbij*.

In zin 4 maken we kennis met de genitief, de zgn. 2ᵉ naamval, om bezit of een afhankelijkheidsrelatie aan te wijzen: **die älteste Schülerin <u>der</u> Klasse** (zie verbuigingstabel op de flap). Uiteraard kunt u in de plaats ook het voorzetsel **von** - *van* + datief gebruiken: ... **<u>von der</u> Klasse**.

Oefening – Vertaal de volgende zinnen
1. Dat is het beste.
2. Mijn tas is kleiner dan jouw tas.
3. Ich habe mehr Arbeit als gestern.
4. Wo ist die nächste Apotheke?

Oplossing
1. Das ist am besten.
2. Meine Tasche ist kleiner als deine Tasche.
3. Ik heb meer werk dan gisteren.
4. Waar is de dichtstbijzijnde apotheek?

⌐ Dag 17

Das ist besser!
Dat is beter!

1 **Ich habe Eis gern, aber ich habe Kuchen lieber (als Eis).**
   içh haabe ajs Gè°n aabe° içh haabe kʰoech'n liebe° (als ajs)
   ik heb ijs graag maar ik heb taart liever (dan ijs)
   Ik eet graag ijs, maar ik eet liever taart (dan ijs).

2 **Und am liebsten habe ich Schokolade.**
   oent am liebst'n haabe içh sjookʰoolaade
   en aan-het liefste heb ik chocolade
   En het liefste eet ik chocolade.

3 **Ich spiele gern Fußball, aber ich spiele lieber Tennis (als Fußball).**
   içh sjpʰiele Gè°n foesbal aabe° içh sjpʰiele liebe° tʰènis (als foesbal)
   ik speel graag voetbal maar ik speel liever tennis (dan voetbal)
   Ik voetbal graag, maar ik tennis liever (dan ik voetbal).

4 **Am liebsten spiele ich Golf.**
   am liebst'n sjpʰiele içh Golf
   Het liefste speel ik golf/golf ik.

Grammaticale opmerkingen

Etwas gern, **lieber** of **am liebsten** + **haben** is *iets graag hebben, houden van, liever hebben, meer houden van* of *het liefst hebben, verkiezen* en **gern**, **lieber** of **am liebsten** + werkwoord is *graag, liever, het liefst* iets <u>doen</u>.

Oefening – Vertaal de volgende zinnen
1. Komt u liever morgen?
2. Hij houdt van München.
3. **Sie gehen lieber ins Restaurant.**
4. **Am liebsten arbeitet sie an der Universität.**

Oplossing
1. **Kommen Sie lieber morgen?**
2. **Er hat München gern.**
3. Ze gaan liever naar het restaurant.
4. Het liefste werkt ze aan de universiteit.

↗ Dag 18

Das ist der Tagesablauf
Dit is de planning

1 Wir fahren um acht Uhr los.
vie^e faar'n oem acht oe^e loos
we rijden om acht uur weg
We vertrekken om acht uur.

2 Wir kommen um neun Uhr an.
vie^e kʰom'n oem nojn oe^e an
We komen om negen uur aan.

3 Der Kurs beginnt um zehn.
dee^e kʰoe^es beGint oem tseen
de cursus begint om tien
De cursus begint om tien uur.

4 Wir hören um fünf auf.
vie^e heur'n oem funf auf
we houden om vijf op
We stoppen om vijf uur.

Grammaticale opmerkingen

Net als in het Nederlands hebben werkwoorden als **losfahren** - *wegrijden, -gaan*, **ankommen** - *aankomen*, **aufhören** - *ophouden*, **zumachen** - *toe- dichtdoen*,... een scheidbaar en dus beklemtoond voorvoegsel (**los-** als *weg-, los-*, **an-** als *aan-*, **auf-** als *op-*, **zu-** als *toe-, dicht-*,...). En net als in het Nederlands kunnen de voorvoegsels **ver-**, **be-** en **ge-** niet op zich voorkomen.

KENNISMAKING MET HET DUITS

Merk op dat bij tijdsaanduidingen het woordje **Uhr** - *uur* kan weggelaten worden.

Oefening – Vertaal de volgende zinnen
1. Kunnen we beginnen?
2. We komen in Wenen aan.
3. **Es macht zu.**
4. **Der Zug fährt um zwei ab.**

Oplossing
1. **Können wir beginnen?**
2. **Wir kommen in Wien an.**
3. Het gaat dicht/sluit.
4. De trein vertrekt om twee uur.

↗ **Dag 19**

Mein Lebenslauf
Mijn curriculum vitae

1 Vor fünf Jahren habe ich das Abitur gemacht.
foo^e funf jaar'n haabe ich das abiet^hoe^e Gemacht
voor vijf jaren heb ik het "eindexamen middelbaar onderwijs" gedaan
Vijf jaar geleden heb ik mijn diploma middelbaar onderwijs behaald.

2 Dann war ich an der Universität in Wien.
dan vaa^e ich an dee^e oenievè^eziet^hèèt in vien
dan was ik aan de universiteit in Wenen
Dan ben ik naar de universeit in Wenen gegaan.

3 Ich habe auch in Bonn gearbeitet.
ich haabe auch in bon Gea^ebajt^het
Ik heb ook in Bonn gewerkt.

4 Ich hatte eine interessante Stelle.
ich hat^he ajne int^herèsant^he sjt^hèle
Ik had een interessante baan.

Grammaticale opmerkingen

Voor iets in het verleden wordt in het Duits meestal de v.t.t. (voltooid tegenwoordige tijd) gebruikt. Deze bestaat zoals in het Nederlands uit een vorm van het hulpwerkwoord **sein** of **haben** en, aan het einde van de zin, het voltooid deelwoord van het hoofdwerkwoord.

Het voltooid deelwoord van regelmatige werkwoorden bestaat in het Duits uit het voorvoegsel **ge-** + stam + **-t**, bijv. **ge-** + **mach-** + **-t** - *gedaan, gemaakt*.

Net als in het Nederlands krijgen onscheidbare werkwoorden geen **ge-** en wordt bij scheidbare werkwoorden **-ge-** ingelast tussen het voorvoegsel en de stam, bijv.: **bestellt** - *besteld* en **aufgemacht** - *opengedaan, -gemaakt*.

Het gebruik van de o.v.t. beperkt zich in het Duits vooral tot de werkwoorden **sein** - *zijn* en **haben** - *hebben*:

	ich	du	er/sie/es	wir	ihr	sie/Sie
sein	war	warst	war	waren	wart	waren
haben	hatte	hattest	hatte	hatten	hattet	hatten

Oefening – Vertaal de volgende zinnen
1. Ik heb aan de universiteit gewerkt.
2. Ik had geen werk.
3. Wo waren Sie gestern?
4. Was hast du in Deutschland gemacht?

Oplossing
1. Ich habe an der Universität gearbeitet.
2. Ich hatte keine Arbeit.
3. Waar was u gisteren?
4. Wat heb je in Duitsland gedaan?

↗ Dag 20

Wie war euer Wochenende?
Hoe was jullie weekend?

1 Wir sind ins Kino gegangen.
vie^e zint ins k^hieno GeGang'n
We zijn naar de bioscoop gegaan.

2 Wir haben einen Film gesehen.
vie^e haab'n ajn'n film Gezee'n
We hebben een film gezien.

3 Sie hat Freunde eingeladen.
zie hat frojnde ajnGelaad'n
Ze heeft vrienden uitgenodigd.

4 Er ist aufs Land gefahren.
ee^e ist aufs lant Gefaar'n
hij is naar-het land gereden
Hij is naar het platteland gegaan.

Grammaticale opmerkingen

Het voltooid deelwoord van onregelmatige werkwoorden wordt in het Duits gevormd met het voorvoegsel **ge-** + stam + **-en** (behalve werkwoorden met een voorvoegsel - zie les 19).
Let op: bij alle onregelmatige werkwoorden verandert de stamklinker in de o.v.t., maar in de v.t.t. ondergaat maar een deel van die werkwoorden deze verandering, bijv. **fahren/gefahren** - *rijden/gereden* maar **schreiben/geschrieben** - *schrijven/geschreven*.
Het gebruik van de hulpwerkwoorden **haben** en **sein** is vergelijkbaar met dat van *hebben* en *zijn*:

- **haben** met transitieve, wederkerende en wederkerige werkwoorden en werkwoorden die een (durende) toestand of handeling uitdrukken (dit zijn de meeste werkwoorden)
- **sein** met werkwoorden die een verandering van toestand of plaats uitdrukken.

Oefening – Vertaal de volgende zinnen
1. Hij heeft me uitgenodigd.
2. Wat heb je gedaan?
3. Ich habe deinen Vater gesehen.
4. Wir sind nach Wien gefahren.

Oplossing
1. **Er hat mich eingeladen.**
2. **Was hast du gemacht?**
3. Ik heb je vader gezien.
4. We zijn naar Wenen gegaan.

↗ **Dag 21**

Haben Sie Fragen?
Hebt u vragen?

1 Seit wann schläft er?
zajt van sjlèèft ee^e
Sinds wanneer slaapt hij?

2 Bei wem ist er?
baj veem ist ee^e
Bij wie is hij?

3 Wie viel kostet es?
vie fiel k^{h}ost^{h}et ès
hoe veel kost het
Hoeveel kost het?

4 Wie groß bist du?
vie Groos bist doe
Hoe groot ben je?

Grammaticale opmerkingen
Net als in het Nederlands kan voor een vraagwoord een voorzetsel staan en volgt in een vraag naar de maat, duur, afstand, hoeveelheid,... op **wie** - *hoe* vaak een bijvoeglijk naamwoord of een bijwoord.
Onthoud dat het vraagwoord **wer** - *wie* verbogen wordt, vandaar de vorm **wem** in zin 2 (na voorzetsels als **bei** of **mit** hoort de datief).

Oefening – Vertaal de volgende zinnen
1. Met wie spreek je?
2. Voor wie is dat?
3. **Wie alt ist er?**
4. **Seit wann wohnt er in München?**

Oplossing
1. **Mit wem sprichst du?**
2. **Für wen ist das?**
3. Hoe oud is hij?
4. Sinds wanneer woont hij in München?

Conversatie

↗ Eerste contact

Meestal schudt men elkaar de hand bij het begroeten. Familieleden of vrienden worden omhelsd of gekust.

Begroetingen

Tot gauw!	Bis bald!	bis balt
Tot morgen!	Bis morgen!	bis mo^{e}G'n
Tot ziens!	Auf Wiedersehen!	auf viede^{e}zeen
Tot later!	Bis später!	bis sjp^{h}èèt^{h}e^e
Tot zo!	Bis gleich!	bis Glajçh
Welkom (in ...)!	Willkommen (in ...)!	vilk^{h}om'n (in...)
Goeiemorgen!	Guten Morgen!	Goet'n mo^{e}G'n
Goeiendag!	Guten Tag!	Goet'n t^{h}aak
Goeienavond!	Guten Abend!	Goet'n aab'nt
Goeienacht!	Gute Nacht!	Goet^{h}e nacht
Hallo!	Hallo!	haloo
Dàag!	Tschüss!	tsjuus

Aansprekingen

mevrouw	Frau	frau
juffrouw	Fräulein	frojlajn
meneer	Herr	hè^e
dames en heren	Meine Damen und Herren	majne daam'n oent hèr'n

Op **Frau**, **Fräulein** en **Herr** *[frau, frojlajn, hèe]* - *mevrouw, juffrouw, meneer* moet altijd een (familie)naam volgen: **Guten Tag Frau Müller, Herr Bauer!** *[Goet'n tʰaak frau mulee hèe bauee]* - *Dag mevrouw Müller, meneer Bauer!* (dus nooit **Guten Tag Herr!** - "*Dag, heer!*" of kortweg **Herr!** - "*Heer!*"). Kent u de persoon niet, dan zegt u gewoon **Guten Tag**. De term **Fräulein** wordt nog weinig gebruikt, tenzij voor jonge meisjes, omdat hij een pejoratieve connotatie heeft (ongehuwde (oudere) vrouw).

Wensen

Aangenaam verblijf!
Angenehmen Aufenthalt!
a**n**Geneem'n **au**fènthalt
(aangenaam oponthoud)

Goede vakantie!
Schöne Ferien!
sj**eu**ne f**ee**rjen
(mooie vakanties)

Goede reis!
Gute Reise!
Goetʰe r**a**jze

Fijn weekend!
Schönes Wochenende!
sj**eu**nes v**o**chʼnènde
(mooi weekeinde)

Bij feestdagen zijn de volgende wensen gebruikelijk:

Vrolijke Kerst!
Frohe Weihnachten!
fr**oo**e v**a**jnacht'n

Vrolijk Pasen!
Frohe Ostern!
fr**oo**e **oo**stʰeen

Gelukkig Nieuwjaar! / Het beste voor het nieuwe jaar!
Frohes Neues Jahr! / Alles Gute zum Neuen Jahr!
fr**oo**es n**o**jes jaae / **a**les Goetʰe tsoem n**o**j'n jaae
(gelukkig nieuw jaar / alles goed voor-het nieuwe jaar)

Akkoord gaan of niet

Ja!	**Ja!**	jaa
Ja, inderdaad!	**Ja, klar!**	jaa klaaᵉ
Zeker!/Beslist!	**Sicher!/Bestimmt!**	ziçheᵉ/besjtʰimt
Misschien!	**Vielleicht!**	fiel**a**jçht
Ik weet het niet.	**Ich weiß es nicht.**	içh vajs ès niçht
Ik ga (niet) akkoord.	**Ich bin (nicht) einverstanden.**	içh bin (niçht) **a**jnfeᵉsjtʰand'n
Nee!	**Nein!**	najn
Nee, helaas niet!	**Nein, leider nicht!**	najn l**a**jdeᵉ niçht

Vragen en antwoorden

Ziehier een paar sleutelwoorden voor het stellen van vragen of bij het antwoorden:

Hoe?	**Wie?**	vie
Hoe zegt u?	**Wie bitte?**	vie bitʰe
Hoeveel?	**Wie viel?**	vie fiel
Waar?	**Wo?**	voo
Waarheen?	**Wohin?**	voohien
Waarvandaan?	**Woher?**	vooheeᵉ
Waarom?	**Warum?**	vaar**oe**m
Wanneer?	**Wann?**	van
Wat?	**Was?**	vas
Wie?	**Wer?** *(nom.)* **Wen?** *(acc.)* **Wem?** *(dat.)*	veeᵉ veen veem

CONVERSATIE

Hoe gaat het met je?	**Wie geht es dir?**	*vie Geet ès die^e*
Hoe gaat het met jullie?	**Wie geht es euch?**	*vie Geet ès ojçh*
Hoe gaat het met u?	**Wie geht es Ihnen?**	*vie Geet ès ien'n*
Hoe gaat 't?	**Wie geht's?**	*vie Geet's*
Goed, bedankt!	**Danke, gut!**	*dank^he Goet*
(Veel) Beter!	**(Viel) Besser!**	*(fiel) bèse^e*
Het gaat wel!	**Es geht so!**	*ès Geet zoo*
Niet goed!	**Nicht gut!**	*niçht Goet*
Ik ben blij je/jullie/u terug te zien!	**Freut mich dich/euch/ Sie wieder zu sehen!**	*frojt miçh diçh/ojçh/ zie viede^e tsoe zee'n*

Dag meneer Schmitt, hoe maakt u het?
Guten Tag Herr Schmitt, wie geht es Ihnen?
Goet'n t^haak hè^e sjmit vie Geet ès ien'n
(goede dag heer Schmitt hoe gaat het met-u)

Goed dank u, en u?
Gut danke, und Ihnen?
Goet dank^he oent ien'n
(goed bedankt en met-u)

Hallo, hoe gaat 't met je? – Goed, en met jou?
Hallo, wie geht's dir? – Gut, und dir?
haloo vie Geet's die^e – Goet oent die^e
(hallo hoe gaat't met-je - goed en met-jou)

Ik ben blij je terug te zien. – Ik ook!
Freut mich dich wieder zu sehen. – Mich auch!
frojt miçh diçh viede^e tsoe zee'n – miçh auch
(verheugt me je terug te zien - mij ook)

We kunnen elkaar tutoyeren.
Wir können uns duzen.
vie̊ kʰën'n oens doets'n

Zich voorstellen

Wie is dit?	**Wer ist das?**	*vee̊ ist das*
Dit is...	**Das ist...**	*das ist*
de naam	**der Name**	*dee̊ naame*
de familienaam	**der Familienname**	*dee̊ famieljennaame*
de voornaam	**der Vorname**	*dee̊ foo̊naame*
Hoe heet je?	**Wie heißt du?**	*vie hajst doe*
Hoe heten jullie?	**Wie heißt ihr?**	*vie hajst ie̊*
Hoe heet u?	**Wie heißen Sie?**	*vie hajs'n zie*
Ken je...?	**Kennst du...?**	*kʰènst doe*
Kennen jullie...?	**Kennt ihr...?**	*kʰènt ie̊*
Kent u...?	**Kennen Sie ...?**	*kʰèn'n zie*

Ik zou je/jullie/u willen voorstellen.	**Ich möchte dir/euch/ Ihnen... vorstellen.**	*içh mëçhtʰe die̊/ojçh/ ien'n... foo̊sjtʰèl'n*
mijn vrouw	**meine Frau**	*majne frau*
mijn man	**meinen Mann**	*majn'n man*
mijn vriend	**meinen Freund**	*majn'n frojnt*
mijn vriendin	**meine Freundin**	*majne frojndin*

Aangenaam!	**Angenehm!**	*anGeneem*
Blij je/jullie/u te leren kennen.	**Freut mich dich/euch/ Sie kennen zu lernen.**	*frojt miçh diçh/ojçh/ zie kʰèn'n tsoe lè̊n'n*

Ik heet... / Mijn naam is...
Ich heiße... / Mein Name ist...
içh hajse... / majn naame ist...

Zou u alstublieft uw naam kunnen spellen?
Könnten Sie bitte Ihren Namen buchstabieren?
kʰënt'n zie bitʰe ier'n naam'n boechsjtʰabier'n

Wie is deze meneer?
Wer ist dieser Herr?
veeᵉ ist diezeᵉ hèᵉ

Dit/Dat is meneer Maler.
Das ist Herr Maler.
das ist hèᵉ maaleᵉ

Ik ken hem niet.
Ich kenne ihn nicht.
içh kʰènè ien niçht

Hoe heet je vriendin?
Wie heißt deine Freundin?
vie hajst dajne frojndin

Zeggen waar men vandaan komt

De eerste tabel groepeert landen waar Nederlands of Duits gesproken wordt en hun inwoners, in de tweede tabel vindt u een selectie van andere landen.

het land/de landen	**das Land/die Länder**	*das lant/die lèndeᵉ*
de stad/de steden	**die Stadt/die Städte**	*die sjtʰat/die sjtʰè(è)tʰe*

Voor de vrouwelijke vorm wordt doorgaans het suffix **-in** toegevoegd, bijv.:
Afrikaner/Afrikanerin *[afrikʰaaneᵉ/afrikʰaanerin]* - Afrikaan/Afrikaanse.
(We zullen onregelmatige vormen aanduiden.)

Duitsland	**Deutschland**	*dojtsjlant*
Duitser/Duitse	**Deutscher/Deutsche**	*dojtsjeᵉ/dojtsje*
Luxemburg	**Luxemburg**	*loeksemboeᵉk*
Luxemburger	**Luxemburger**	*loeksemboeᵉGeᵉ*

Oostenrijk	**Österreich**	*eusᵗʰeᵉrajçh*
Oostenrijker	**Österreicher**	*eusᵗʰeᵉrajçheᵉ*
Zwitserland	**die Schweiz**	*die sjvajts*
Zwitser	**Schweizer**	*sjvajtseᵉ*
België	**Belgien**	*bèlGjen*
Belg	**Belgier**	*bèlGjeᵉ*
Nederland	**die Niederlande**	*die niedeᵉlande*
Nederlander	**Niederländer**	*niedeᵉlèndeᵉ*
Afrika	**Afrika**	*aafrikʰa*
Algerije	**Algerien**	*alGeerjen*
Australië	**Australien**	*austraaljen*
Azië	**Asien**	*aazjen*
Bulgarije	**Bulgarien**	*boelGaarjen*
Canada	**Kanada**	*kʰanada*
China	**China**	*çhiena/ kʰiena*
de Tsjechische Republiek	**die Tschechische Republik**	*die tsjèchisje reepʰoebliek*
de Verenigde Staten/ de USA	**die Vereinigten Staaten/die USA**	*die fèrajniçhtʰn sjtʰaatʰn/ die oeèsaa*
Denemarken	**Dänemark**	*dèènemaᵉk*
Engeland	**England**	*ènglant*
Finland	**Finnland**	*finlant*
Frankrijk	**Frankreich**	*frankrajçh*
Griekenland	**Griechenland**	*Grieçh'nlant*
Groot-Brittannië	**Großbritannien**	*Groosbritʰanjen*
Hongarije	**Ungarn**	*oenGaᵉn*
Ierland	**Irland**	*iᵉlant*
India	**Indien**	*indjen*
Israël	**Israel**	*israèl*
Italië	**Italien**	*ietʰaaljen*
Japan	**Japan**	*jaapʰan*

Marokko	**Marokko**	*marokʰoo*
Noorwegen	**Norwegen**	*noᵉveeG'n*
Roemenië	**Rumänien**	*roemèènjen*
Rusland	**Russland**	*roeslant*
Slovenië	**Slowenien**	*slooveenjen*
Spanje	**Spanien**	*sjpʰaanjen*
Tunesië	**Tunesien**	*tʰoeneezjen*
Turkije	**die Türkei**	*die tueᵏʰaj*
Zuid-Amerika	**Südamerika**	*zuudameerikʰa*

Waar komt u vandaan?   *Ik ben Nederlandse.*
Woher kommen Sie?   **Ich bin Niederländerin.**
vooheeᵉ kʰom'n zie   *içh bin niedeᵉlènderin*

Ik kom uit België. En u?
Ich komme aus Belgien. Und Sie?
içh kʰome aus bèlGjen. oent zie

Mijn man komt uit Zwitserland.
Mein Mann kommt aus der Schweiz.
majn man kʰomt aus deeᵉ sjvajts
(mijn man komt uit het Zwitserland)

Waar woon je?   *Ik ben in Brussel geboren.*
Wo wohnst du?   **Ich bin in Brüssel geboren.**
voo voonst doe   *içh bin in brusel Geboor'n*

Leeftijd

Hou oud ben je?   *Ik ben twintig jaar oud.*
Wie alt bist du?   **Ich bin zwanzig Jahre alt.**
vie alt bist doe   *içh bin tsvantsiçh jaare alt*

We zijn even oud.
Wir sind gleich alt.
vie̯ᵉ zint Glajçh alt

Ik word vijftig.
Ich werde fünfzig.
içh vee̯ᵉde fᵘnftsiçh

Suzanne is jonger dan Peter.
Suzanne ist jünger als Peter.
*suzan ist jungeᵉ als pʰ**eet**ʰeᵉ*

Hartelijk gefeliciteerd met je/uw verjaardag!
Alles Gute / Herzlichen Glückwunsch zum Geburtstag!
*a**l**es Goetʰe / hèᵉtsliçh'n Glᵘkvoensj tsoem Geboe̯ᵉtstʰaak*
(alles goed / hartelijke gelukwens voor-de geboortedag)

Familie

de familie	die Familie	die famielje
mijn ouders	meine Eltern	majne èltʰeᵉn
mijn vader	mein Vater	majn faatʰeᵉ
mijn moeder	meine Mutter	majne moetʰeᵉ
mijn kind(eren)	mein(e) Kind(er)	majn kʰint/majne kʰindeᵉ
mijn zoon (zonen)	mein(e) Sohn (Söhne)	majn zoon/majne zeune
mijn dochter(s)	meine Tochter (Töchter)	majne tʰochtʰeᵉ/ majne tʰëchtʰeᵉ)
mijn broer(s)	mein(e) Bruder (Brüder)	majn broedeᵉ/ majne bruudeᵉ
mijn zus(sen)	meine Schwester(n)	majne sjvèstʰeᵉ/ majne sjvèstʰeᵉn
mijn man	mein Mann	majn man
mijn vrouw	meine Frau	majne frau
vrijgezel	ledig	leediçh
gescheiden	geschieden	Gesjied'n
gehuwd	verheiratet	fèᵉhajratʰet
weduwnaar/weduwe	verwitwet	fèᵉvitvet

Ik ben getrouwd en heb twee kinderen.
Ich bin verheiratet und habe zwei Kinder.
içh bin fèᵉhajratʰet oent haabe tsvaj kʰindeᵉ

Dit zijn mijn kinderen.
Das sind meine Kinder.
das zint majne kʰindeᵉ

Ze trouwen binnenkort.
Sie werden bald heiraten.
zie veeᵉd'n balt hajraat'n
(ze zullen binnenkort trouwen)

baby	das Baby	das beebie
jongen(s)	der/die Junge(n)	deeᵉ joenge/die joengen
meisje(s)	das/die Mädchen(-)	das/die mèèdch'n
tweelingen	die Zwillinge	die tsvilinge

dik	dick	dik
dun, mager	dünn	dun
groot	groß	Groos
klein	klein	klajn
knap	hübsch	hubsj
lief	süß	zuus

Mama is **Mama, Mami, Mutti** *[mama, mamie, moetʰie]*
en *papa* is **Papa, Papi, Vati** *[pʰapʰa, pʰapʰie, faatʰie]*.

Tegen *oma* en *opa* zegt men, zoals in het Nederlands:
Oma *[ooma]*
en **Opa** *[oopʰa]*.

Ik heb een jongen en twee meisjes.
Ich habe einen Jungen und zwei Mädchen.
içh haabe ajn'n joeng'n oent tsvaj mèèdch'n

Mijn vrouw is zwanger. *Hij is lief.*
Meine Frau ist schwanger. **Er ist süß.**
majne frau ist sjvangeᵉ *eeᵉ ist zuus*

Andere familieleden:

de grootouders	**die Großeltern**	*die Groosèltʰeᵉn*
de grootvader	**der Großvater**	*deeᵉ Groosfaatʰeᵉ*
de grootmoeder	**die Großmutter**	*die Groosmoetʰeᵉ*
de neef/neven (zoon van oom of tante)	**der/die Cousin(s)**	*deeᵉ/die kʰoezī(s)*
de nicht(en) (dochter van oom of tante)	**die Cousine(n)**	*die kʰoeziene(n)*
de neef/neven (zoon van broer of zus)	**der/die Neffe(n)**	*deeᵉ/die nèfe(n)*
de nicht(en) (dochter van broer of zus)	**die Nichte(n)**	*die niçtʰe(n)*
de oom(s)	**der/die Onkel(s)**	*deeᵉ/die onk'l(s)*
de tante(s)	**die Tante(n)**	*die tʰantʰe(n)*
de schoonouders	**die Schwiegereltern**	*die sjvieGeᵉèltʰeᵉn*
de schoonvader	**der Schwiegervater**	*deeᵉ sjvieGeᵉfaatʰeᵉ*
de schoonmoeder	**die Schwiegermutter**	*die sjvieGeᵉmoetʰeᵉ*
de schoonzoon (-zonen)	**der/die Schwiegersohn (-söhne)**	*deeᵉ/die sjvieGeᵉzoon (-zeune)*
de schoondochter(s)	**die Schwiegertochter (-töchter)**	*die sjvieGeᵉtʰochtʰeᵉ (-tʰëçhtʰeᵉ)*
de zwager(s), schoonbroer(s)	**der/die Schwager (Schwäger)**	*deeᵉ/die sjvaaGeᵉ (sjvèèGeᵉ)*
de schoondochter(s)	**die Schwägerin(nen)**	*die sjvèèGerin('n)*

Werk en studies

het beroep	der Beruf	dee͜e beroef
gepensioneerd	pensionniert	pʰènzioonie͜et
de opleiding	die Ausbildung	die ausbildoeng
de school	die Schule	die sjoele
de student(e)	der/die Student(in)	dee͜e/die sjtʰoedènt(in)
de universiteit	die Universität	die oenievè͜eziet ʰèèt
de vakopleiding	die Lehre	die leere
het werk	die Arbeit	die a͜ebajt

Ik werk voor een Duitse firma.
Ich arbeite für eine deutsche Firma.
içh a͜ebajtʰe fuu͜e ajne dojtsje fie͜ema

Ik studeer aan de universiteit in Amsterdam.
Ich studiere an der Universität in Amsterdam.
içh sjtʰoediere an dee͜e oenievè͜ezietʰèèt in amstʰe͜edam

Hij gaat nog naar school.
Er geht noch zur Schule.
ee͜e Geet noch tsoe͜e sjoele
(hij gaat nog naar-de school)

Ik ben huisvrouw/gepensioneerd/werkloos.
Ich bin Hausfrau/pensionniert/arbeitslos.
içh bin hausfrau/pʰènzioonie͜et/a͜ebajtsloos

Wat is je/uw beroep?
Was bist du/sind Sie von Beruf?
vas bist doe/zint zie fon beroef
(wat ben je/bent u van beroep)

Beroepen

Voor de vrouwelijke vorm wordt meestal het suffix **-in** toegevoegd. (Onregelmatige vormen staan aangeduid.)

Ik ben...	Ich bin...	içh bin
acteur.	Schauspieler.	sjausjpʰ**ie**leᵉ
advocaat/-cate.	Rechtsanwalt/ Rechtsanwältin.	rèçhtsanvalt/ rèçhtsanvèltʰin
ambachtsman.	Handwerker.	handvèᵉkʰeᵉ
apotheker.	Apotheker.	apʰootʰ**ee**kʰeᵉ
architect.	Architekt.	arçhietʰèkt
arts.	Arzt/Ärztin.	aᵉtst/ètstʰin
bakker/banketbakker.	Bäcker/Konditor.	bèkʰeᵉ /kʰondietʰooᵉ
boekhandelaar.	Buchhändler.	boechhèndleᵉ
boekhouder.	Buchhalter.	boechhaltʰeᵉ
brandweerman.	Feuerwehrmann.	fojeᵉveeᵉman
chirurg.	Chirurg.	çhir**oe**ᵉk
danser.	Tänzer.	tʰèntseᵉ
diplomaat.	Diplomat.	dieploom**aa**t
fabrieksarbeider.	Fabrikarbeiter.	fabriekaᵉbajtʰeᵉ
fotograaf.	Fotograf.	footʰooGr**aa**f
informaticus.	Informatiker.	infoᵉm**aa**tʰikʰeᵉ
ingenieur.	Ingenieur.	inzjeeni**eu**ᵉ
journalist.	Journalist.	zjoeᵉnalist
jurist.	Jurist.	joerist
kapper/kapster.	Friseur/Friseuse.	friez**eu**ᵉ/friez**eu**ze
kinesitherapeut.	Physiotherapeut.	f**uu**ziootʰeerapʰojt
kok/kokkin.	Koch/Köchin.	kʰoch/kʰë̂çhin
kunstschilder.	Kunstmaler.	kʰoenstmaaleᵉ
leraar.	Lehrer.	leereᵉ
mechanicus.	Mechaniker.	meeçh**aa**nikʰeᵉ

CONVERSATIE **71**

musicus.	Musiker.	m**oe**zikʰeᵉ
notaris.	Notar.	notʰ**aa**ᵉ
piloot.	Pilot.	pʰiel**oo**t
politieagent.	Polizist.	pʰoolietsist
schilder.	Maler.	m**aa**leᵉ
schoonheidsspecialiste.	Kosmetikerin.	kʰosm**ee**tʰiekʰerin
secretaris.	Sekretär.	zeekreetʰ**èè**ᵉ
stewardess/steward.	Stewardess/Steward.	stj**oe**weᵉdès/stj**oe**weᵉt
tandarts.	Zahnarzt/Zahnärztin.	ts**aa**naᵉtst/ts**aa**nèᵉtstʰin
technicus.	Techniker.	tʰ**è**chnikʰeᵉ
tuinier.	Gärtner.	G**è**tneᵉ
verkoper.	Verkäufer.	fèᵉkʰ**o**jfeᵉ
verpleger/verpleegster.	Krankenpfleger/Krankenschwester.	krank'npfleeGeᵉ/krank'nsjvèstʰeᵉ
vertaler/tolk.	Übersetzer/Dolmetscher.	uubeᵉz**è**tseᵉ/d**o**lmètsjeᵉ
verzekeraar.	Versicherer.	fèᵉz**i**chereᵉ
wijnbouwer.	Winzer.	v**i**ntseᵉ
zanger.	Sänger.	z**è**ngeᵉ

Om aan te geven in welke sector u actief bent:

Ik werk in de...	Ich arbeite im...	içh aᵉbajtʰeᵉ im
culturele sector.	kulturellen Bereich.	kʰoeltʰoerèl'n berajch
financiële sector.	Finanzbereich.	fienantsberajch
marketingsector.	Marketingbereich.	maᵉkʰetʰingberajch
media.	Medienbereich.	meedjenberajch
sportsector.	Sportbereich.	sjpʰ**o**ᵉtberajch

Religie en tradities

Tegenwoordig behoren het noorden en het oosten van Duitsland vooral tot de protestantse kerk. Katholieke meerderheden vindt men vooral in *Rijnland* - **Rheinland** *[rajnlant]*, het zuiden van *Baden-Wurtemberg* - **Baden-Württemberg** *[baad'n vu^{e}t^{h}embè^{e}k]* en *Beieren* - **Bayern** *[baje^{e}n]*. 34 % van de bevolking, vooral in de ex-DDR, heeft geen religie.

Oostenrijk telt ongeveer 70 % katholieken (al lijkt hun aantal af te nemen), nauwelijks 5 % lutheraanse protestanten, 12 % ongelovigen en de rest beleidt een andere godsdienst.

Ik ben...	Ich bin...	içh bin
boeddhist.	Buddhist.	boedist
hindoe.	Hindu.	hiendoe
jood/joodse.	Jude/Jüdin.	joede/juudin
katholiek.	katholisch.	k^{h}at^{h}oolisj
moslim/-a.	Muslim/-a.	moesliem/-a
protestant.	evangelisch.	eefanGeelisj
ongelovig.	ohne Konfession.	oone k^{h}onfèsioon

De mis is om elf uur.
Der Gottesdienst ist um elf Uhr.
dee^e Got^{h}esdienst ist oem èlf oe^e
(de godsdienst is om 11 uur)

Ik zou naar de kerk willen gaan.
Ich möchte in die Kirche gehen.
içh mëcht^{h}e in die k^{h}i^{e}çhe Gee'n
(ik zou-willen in/naar de kerk gaan)

Geloof je in God?
Glaubst du an Gott?
Glaubst doe an Got

Morgen is het eerste advent.
Morgen ist der erste Advent.
mo^{e}G'n ist dee^e ee^{e}st^{h}e advènt
(morgen is de eerste advent)

CONVERSATIE

Het weer

het weer	das Wetter	das vèt^h e^e
de hitte	die Hitze	die hitse
de ijzel	das Glatteis	das Glatajs
de koude	die Kälte	die k^h èlt^h e
de regen	der Regen	dee^e reeG'n
de sneeuw	der Schnee	dee^e sjnee
de wind	der Wind	dee^e vint
de zon	die Sonne	die zone

Het is mooi weer.	Es ist schön.	ès ist sjeun
Het is warm.	Es ist warm.	ès ist va^e m
Het is heet.	Es ist heiß.	ès ist hajs
Het is koud.	Es ist kalt.	ès ist k^h alt
Het sneeuwt.	Es schneit.	ès sjnajt
Het regent.	Es regnet.	ès reeGnet

Hoe is het weer?
Wie ist das Wetter?
vie ist das vèt^h e^e

Het is 20 graden.
Es sind zwanzig Grad.
ès zint tsvantsiçh Graat
(het zijn twintig graad)

Het is koud maar de zon schijnt.
Es ist kalt aber die Sonne scheint.
ès ist k^h alt aabe^e die zone sjajnt

Er ligt ijzel op de straten.
Es gibt Glatteis auf den Straßen.
ès Gibt Glatajs auf deen sjtraas'n
(er geeft gladijs op de straten)

Gevoelens en meningen

Ik ben...	Ich bin...	içh bin
droevig.	traurig.	trauriçh
gelukkig.	glücklich.	Glukliçh
ongelukkig.	unglücklich.	oenGlukliçh
ontevreden.	unzufrieden.	oentsoefried'n
teleurgesteld.	enttäuscht.	èntt^hojsjt
tevreden.	zufrieden.	tsoefried'n
vrolijk.	fröhlich.	freuliçh

Het is...	Das ist...	das ist
eenvoudig.	einfach.	ajnfach
goed.	gut.	Goet
grappig.	lustig.	loest^hiçh
lelijk.	hässlich.	hèsliçh
moeilijk.	schwer.	sjvee^e
mooi.	schön.	sjeun
slecht.	schlecht.	sjlèçht

Uitnodigen en op bezoek gaan

Iemand uitnodigen en op een uitnodiging ingaan:

Ik zou je/jullie/u willen uitnodigen...	Ich möchte dich/ euch/Sie... einladen.	içh mëçht^he diçh/ ojçh/zie... ajnlaad'n
voor het middageten.	zum Mittagessen	tsoem mitakès'n
voor het avondeten.	zum Abendessen	tsoem **aab**'ntès'n
op mijn feest.	auf meine Fete	auf majne feet^he

CONVERSATIE

Zouden jullie vanavond bij ons willen komen?
Möchtet ihr heute Abend zu uns kommen?
mëcht**ʰ**et ie**ᵉ** hojt**ʰ**e **aa**b'nt tsoe oens k**ʰ**om'n
(zouden-willen jullie heden avond bij ons komen)

Vandaag is het helaas niet mogelijk.
Heute ist es leider nicht möglich.
hojt**ʰ**e ist ès l**a**jde**ᵉ** nicht m**eu**Glich

Hoe laat zullen we komen?
Um wie viel Uhr sollen wir kommen?
oem vie fiel oe**ᵉ** z**o**l'n vie**ᵉ** k**ʰ**om'n
(om hoe veel uur moeten/zullen we komen)

Bedankt voor de uitnodiging. Het was heel leuk.
Danke für die Einladung. Es war sehr nett.
dank**ʰ**e fuu**ᵉ** die **a**jnlaadoeng. ès vaa**ᵉ** zee**ᵉ** nèt

Afspreken

Een gesprek aanknopen en afspreken:

Heb je vuur, alsjeblieft?
Hast du bitte Feuer?
hast doe bit**ʰ**e foje**ᵉ**

Mag ik je een glaasje aanbieden?
Kann ich dich auf ein Gläschen einladen?
k**ʰ**an ich dich auf ajn Gl**èè**sch'n **a**jnlaad'n
(kan/mag ik je op een glaasje uitnodigen)

Is het de eerste keer dat je komt?
Ist es das erste Mal, dass du kommst?
ist ès das ee^est^he maal das doe k^homst

Wacht je op iemand?
Wartest du auf jemanden?
va^et^hest doe auf jeemand'n

Zie ik je morgen terug?
Sehe ich dich morgen wieder?
zee^e içh diçh mo^eG'n viede^e

Dit is mijn mobiel nummer.
Das ist meine Handynummer.
das ist majne hèndienoeme^e
(dit is mijn gsm-/mobielnummer)

Bel me op!
Ruf mich an!
roef miçh an

Liefde

de liefde	**die Liebe**	*die liebe*
verliefd	**verliebt**	*fè^eliept*
de pil	**die Pille**	*die p^hile*
het/de condoom(s)	**das/die Kondom(e)**	*das/die k^hondoom(e)*

Ik hou van je. – Ik ook van jou!
Ich liebe dich. – Ich dich auch!
içh liebe diçh – içh diçh auch
(ik heb-lief jou - ik jou ook)

Hij is verliefd op haar.
Er ist in sie verliebt.
ee° ist in zie fè°liept

Neem je de pil?
Nimmst du die Pille?
nimst doe die pʰile

↗ Tijd, datum en feesten
Het uur

Het is zeven uur.	Es ist sieben Uhr.	ès ist zieb'n oe°
Het is vijf na zeven.	Es ist fünf nach sieben. (het is vijf na/over zeven)	ès ist funf nach zieb'n
Het is kwart na zeven.	Es ist Viertel nach sieben.	ès ist fie°t'l nach zieb'n
Het is vijfentwintig na zeven.	Es ist fünfundzwanzig nach sieben.	ès ist funfoentsvantsiçh nach zieb'n
Het is halfacht.	Es ist halb acht. (het is half acht)	ès ist halb acht
Het is twintig voor acht.	Es ist zwanzig vor acht.	ès ist tsvantsiçh foo° acht
Het is kwart voor acht.	Es ist Viertel vor acht.	ès ist fie°t'l foo° acht
Het is middag/middernacht.	Es ist Mittag/Mitternacht.	ès ist mitʰaak/mitʰe°nacht
Het is veertien uur tien.	Es ist vierzehn Uhr zehn.	ès ist fie°tseen oe° tseen

In gesproken Duits telt men de uren meestal van **eins** [ajns] - één tot **zwölf** [tsvëlf] - twaalf; voor preciezere tijdsaanduidingen, bijv. dienstregelingen van treinen, bussen, vliegtuigen, voor een afspraak,... telt men tot **vierundzwanzig** [fieroenttsvantsich] - vierentwintig of **null** [noel] - nul.

de horloge	die Uhr	die oeᵉ
de wekker	der Wecker	deeᵉ vèkʰeᵉ
de tijd	die Zeit	die tsajt

het uur (de uren) (60 min.)	die Stunde(n)	die sjtʰoende(n)
het halfuur	die halbe Stunde	die halbe sjtʰoende
het kwartier	die Viertelstunde	die fieᵉt'lsjtʰoende
de minuut (minuten)	die Minute(n)	die mienoetʰe(n)
de seconde(n)	die Sekunde(n)	die zeekʰoende(n)

's morgens	am Morgen	am moᵉG'n
's voormiddags	am Vormittag	am fooᵉmitʰaak
's middags	am Mittag	am mitʰaak
's namiddags	am Nachmittag	am nachmitʰaak
's avonds	am Abend	am **aab**'nt
in de nacht	in der Nacht	in deeᵉ nacht

Hoe laat is het?
Wie spät ist es? / Wie viel Uhr ist es?
vie spʰèèt ist ès / vie fiel oeᵉ ist ès
(hoe laat is het / hoe veel uur is het)

Hoe laat kom je?
Um wie viel Uhr kommst du?
oem vie fiel oeᵉ kʰomst doe
(om hoe veel uur kom je)

Hoe lang duurt het?
Wie lange dauert es?
vie lange daueᵉt ès

Tot/Vanaf 9 uur.
Bis/Ab neun Uhr.
bis/ap nojn oeᵉ

Het begint vroeg/laat.
Es beginnt früh/spät.
ès beGint fruu/sjpʰèèt

Ik kom van 8 tot 9 uur.
Ich komme von acht bis neun Uhr.
içh kʰome fon acht bis nojn oeᵉ

Ik heb vertraging.
Ich habe Verspätung.
içh haabe fèᵉsjpʰèètʰoeng

Kom alsjeblieft op tijd.
Komm bitte pünktlich.
kʰom bitʰe pʰunktliçh
(kom alsjeblieft punctueel)

De datum

| de agenda | die Agenda | die aGènda |
| de kalender | der Kalender | deeᵉ kʰalèndeᵉ |

maandag	Montag	moontʰaak
dinsdag	Dienstag	dienstʰaak
woensdag	Mittwoch	mitvoch
donderdag	Donnerstag	doneᵉstʰaak
vrijdag	Freitag	frajtʰaak
zaterdag	Samstag	zamstʰaak
zondag	Sonntag	zontʰaak

januari	**Januar**	*janoeaaᵉ*
februari	**Februar**	*feebroeaaᵉ*
maart	**März**	*mèᵉts*
april	**April**	*april*
mei	**Mai**	*maj*
juni	**Juni**	*joeni*
juli	**Juli**	*joeli*
augustus	**August**	*auGoest*
september	**September**	*zèptʰèmbeᵉ*
oktober	**Oktober**	*oktʰoobeᵉ*
november	**November**	*noovèmbeᵉ*
december	**Dezember**	*deetsèmbeᵉ*

Welke dag is het vandaag?
Was für ein Tag ist heute?
vas fuuᵉ ajn tʰaak ist hojtʰe
(wat voor een dag is heden)

Welke datum hebben we vandaag?
Was für ein Datum ist heute?
vas fuuᵉ ajn daatʰoem ist hojtʰe
(wat voor een datum is heden)

De datum wordt uitgedrukt met een rangtelwoord:

(Vandaag is het) Maandag, vier april .
(Heute ist) Montag, der vierte April.
(hojtʰe ist) moontʰaak deeᵉ fieᵉtʰe april
((heden is) maandag, de vierde april)

Tijdsaanduidingen en seizoenen

de dag(en)	der/die Tag(e)	dee^e t^haak/die t^haaGe
de week/weken	die Woche(n)	die voche(n)
het weekend	das Wochenende	das voch'nènde
de maand(en)	der/die Monat(e)	dee^e/die moonaat(e)
het jaar/de jaren	das/die Jahr(e)	das/die jaar(e)
het seizoen/de seizoenen	die Jahreszeit(en)	die jaarestsajt('n)

eergisteren	vorgestern	foo^eGèst^he^en
gisteren	gestern	Gèst^he^en
vandaag	heute	hojt^he
morgen	morgen	mo^eG'n
overmorgen	übermorgen	uube^emo^eG'n

lente	Frühling	fruuling
zomer	Sommer	zome^e
herfst	Herbst	hè^epst
winter	Winter	vint^he^e

(daar)na	(da)nach	danach
(daar)voor	(da)vor	dafoo^e
af en toe	ab und zu	ap oent tsoe
dikwijls, vaak	oft	oft
meteen	sofort	zoofo^et
nooit	niemals	niemals
nu	jetzt	jètst

Het was vorig jaar.
Es war letztes Jahr.
ès vaa^e lètst^hes jaa^e
(het was laatste jaar)

Ik kom in de zomer.
Ich komme im Sommer.
ich k^home im zome^e
(ik kom in-de zomer)

Ik kom deze of volgende maand.
Ich komme diesen oder nächsten Monat.
içh kʰome diez'n oodeᵉ nèèçhst'n (ook nèèkst'n) moonaat

Ik ontmoet hem elke dag.
Ich treffe ihn jeden Tag.
içh trèfe ien jeed'n tʰaak

Feestdagen

De volgende lijst bevat de belangrijkste feestdagen in Duitsland en Oostenrijk:

- 1 januari: *Nieuwjaar* - **Neujahr** *[nojjaaᵉ]*
- februari/maart: *carnaval* - **Karneval** *[kʰaᵉneval]*, in sommige gebieden ook **Fasching** *[fasjing]* of **Fastnacht** *[fastnacht]* genoemd
- *Goede Vrijdag* - **Karfreitag** *[kʰaᵉfrajtʰaak]* en *paasmaandag* - **Ostermontag** *[oostʰeᵉmoontʰaak]*
- 1 mei: *Dag van de Arbeid* - **Tag der Arbeit** *[tʰaak deeᵉ aᵉbajt]*
- *Hemelvaartsdag* - **Christi Himmelfahrt** *[kristʰi him'lfaaᵉt]*
- *pinkstermaandag* - **Pfingstmontag** *[pfingstmoontʰaak]*
- 3 oktober: *dag van de Duitse eenheid* - **Tag der Deutschen Einheit** *[tʰaak deeᵉ dojtsj'n ajnhajt]*
- 26 oktober: *Oostenrijks nationale feestdag* - **Nationalfeiertag** *[natsioonaalfajeᵉtʰaak]*
- 8 december: *Maria-Onbevlekte-Ontvangenis* - **Maria Empfängnis** *[marieₐ èmpfèngnis]* (in Oostenrijk)
- 25 december: *Kerstmis* - **Weihnachten** *[vajnacht'n]*
- 26 december: *tweede kerstdag* - **zweiter Weihnachtsfeiertag** *[tsvajtʰeᵉ vajnachtsfajeᵉtʰaak]* of *Sint-Stefaan* - **Stefanitag** *[sjtʰeefanitʰaak]* in Oostenrijk.

Kerstmis wordt uitgebreid gevierd in Duitsland. Overal worden vanaf midden november al kerstmarkten bezocht. Tijdens de *adventstijd* - **Adventszeit** *[advèntstsajt]*, de vier zondagen voor kerst, heerst er een feeststemming en kunt u de traditionele *warme kruidenwijn* - **Glühwein** *[Gluuvajn]* en gebak proeven.

↗ Dringend hulp nodig

Hulpdiensten

Ziehier een paar telefoonnummers en zinnen die nuttig zijn wanneer u dringend hulp nodig hebt:
Politie - **Polizei** *[pʰoolietsaj]*: 110 (Duitsland), 133 (Oostenrijk)
Brandweer - **Feuerwehr** *[fojeᵉveeᵉ]*: 110 of 113 (Duitsland), 122 (Oostenrijk)
Noodnummer - **Notruf** *[nootroef]*: 112 (Duitsland), **Rettung** *[rètʰoeng]* 144 (Oostenrijk).

Brand!	Feuer!	fojeᵉ
Gevaar!	Gefahr!	Gefaaᵉ
Help!	Hilfe!	hilfe
Opgelet!	Achtung!	achtʰoeng
Snel!	Schnell!	sjnèl

Snel, roept u ...	Schnell, rufen Sie ...	sjnèl roef'n zie
een arts.	einen Arzt.	ajn'n aᵉtst
de brandweer.	die Feuerwehr.	die fojeᵉveeᵉ
de politie.	die Polizei.	die pʰoolietsaj
een ziekenwagen.	einen Krankenwagen.	ajn'n krank'nvaaG'n

Roept u alstublieft om hulp!
Rufen Sie bitte um Hilfe!
r*oef'n zie bit*ʰ*e oem hilfe*

Ik voel me slecht.
Mir ist schlecht.
*mie*ᵉ *ist sjlêçht*
(mij is slecht)

Hij is ziek/gewond.
Er ist krank/verletzt.
*ee*ᵉ *ist krank/fè*ᵉ*lètst*

Niet aanraken!
Nicht anfassen!
*niçht **a**nfas'n*

Onderweg

Er is een ongeval gebeurd!
Es gab einen Unfall!
*ès Gaab **a**jn'n **oe**nfal*
(er gaf een ongeval)

Snel, het is erg!
Schnell, es ist schlimm!
sjnèl ès ist sjlim

Beweegt u zich niet!
Bewegen Sie sich nicht!
*bev**ee**G'n zie ziçh niçht*

De ambulance komt meteen.
Der Rettungswagen kommt gleich.
*dee*ᵉ *rèt*ʰ*oengsvaaG'n k*ʰ*omt Glajçh*
(de reddingswagen komt gelijk)

CONVERSATIE 85

↗ Infoborden en afkortingen
Infoborden

Dames	Damen	daam'n
Heren	Herren	hèr'n
Ingang	Eingang	ajnGang
Uitgang	Ausgang	ausGang
Verboden toegang!	Eintritt verboten!	ajntrit fèᵉboot'n
Nooduitgang	Notausgang	nootausGang
Brandgevaar	Feuergefahr	fojeᵉGefaaᵉ
Open	Geöffnet	Geëfnet
Gesloten	Geschlossen	Gesjlos'n
Duwen	Drücken	druk'n
Trekken	Ziehen	tsie'n
Vrij	Frei	fraj
Bezet	Besetzt	bezètst
Gereserveerd	Reserviert	reezèᵉvieᵉt
Te huur	Zu vermieten	tsoe fèᵉmiet'n
Te koop	Zu verkaufen	tsoe fèᵉkʰauf'n
Mindervalide	Behinderte	behindeᵉtʰe
Kassa	Kasse	kʰase
Privé	Privat	privaat
School	Schule	sjoele

Afkortingen

- **Abf. = Abfahrt/Ank. = Ankunft** *[apfaaᵉt/ankʰoenft]* - *vertrek/ aankomst*
- **Hbf = Hauptbahnhof** *[hauptbaanhoof]* - *centraal station*

- **DB = Deutsche Bundesbahn** *[dojtsje boendesbaan]* - *Duitse spoorwegen*
- **ÖB = Österreichische Bundesbahn** *[eusᵗʰeᵉrajchisje boendesbaan]* - *Oostenrijkse spoorwegen*
- **Regio-DB = Regionalbahn** *[reeGioonaalbaan]*, regionaal treinverkeer
- **IC = InterCity** *[intʰeᵉsitʰi]* en **EC = EuroCity** *[ojroositʰi]*, interregionaal treinverkeer
- **ICE = InterCityExpress** *[intʰeᵉsitʰièksprès]* - *hogesnelheidstrein*
- **U-Bahn = Untergrundbahn** *[oentʰeᵉGroentbaan]* - *metro*
- **S-Bahn = Schnellbahn** *[sjnèlbaan]*, treinverkeer dat de stad en de stadsrand aandoet

↗ Reizen

In dit hoofdstuk vindt u woorden en zinnen die van nut kunnen zijn tijdens uw verplaatsingen als voetganger, met het openbaar vervoer, met het vliegtuig of met uw eigen auto.

Paspoortcontrole en douane

de paspoortcontrole	**die Passkontrole**	die pʰaskʰontrole
de douane	**der Zoll**	deeᵉ tsol
de goederen	**die Waren**	die vaar'n
het identiteitsbewijs	**der Ausweis**	deeᵉ ausvajs

Ik ben gekomen voor...	**Ich bin für... gekommen.**	içh bin fuuʳ... Gekʰom'n
mijn studie.	**... mein Studium...**	majn sjtʰoedioem
de vakantie.	**... die Ferien...**	die feerjen
mijn werk.	**... meine Arbeit...**	majne aᵉbajt

Uw identiteitsbewijs, alstublieft!
Ihren Ausweis bitte!
*ie*r'n **au**svajs bit*ʰ*e

Ik heb niets aan te geven.
Ich habe nichts zu verzollen.
*içh h*aa*be niçhts tsoe fè*e*tsol'n*
(ik heb niets te aangeven)

Geld wisselen

Er zijn wisselkantoren in de luchthavens. In sommige banken kunt u ook terecht om geld te wisselen. In steden vindt u talrijke geldautomaten die de belangrijkste kredietkaarten aanvaarden.

Zou ik... kunnen wisselen, alstublieft?	Könnte ich bitte... wechseln?	kʰëntʰe içh bitʰe... vèks'ln
reischeques	**Reiseschecks**	*rajzesjèks*
Zwitserse franken	**Schweizer Franken**	*sjvajtse*e *frank'n*

Met het vliegtuig

bagage	**das Gepäck**	*das Gepʰèk*
businessclass	**die Business class**	*die biznes klas*
e-Ticket (elektronisch biljet)	**das E-Ticket**	*das ie-tʰikʰet*
heen- en terugvlucht	**der Hin- und Rückflug**	*dee*e *hien- oent rukfloek*
landing	**die Landung**	*die landoeng*
luchtvaart-maatschappij(en)	**die Fluggesellschaft(en)**	*die floekGezèlsjaft('n)*

opstijgen	**der Abflug**	*dee^e apfloek*
piloot	**der Pilot**	*dee^e p^hieloot*
rij	**die Reihe**	*die raje*
stewardess/steward	**die Stewardess/ der Steward**	*die stjoewe^edès/ dee^e stjoewe^ed*
vliegticket	**das Flugticket**	*das floekt^hik^het*
vliegtuig	**der Flieger/ das Flugzeug**	*dee^e flieGe^e/ das floektsojk*
naast het gangpad	**am Gang**	*am Gang*
bij het raam	**am Fenster**	*am fènst^he^e*

Hoe laat is de volgende vlucht naar...?
Um wie viel Uhr ist der nächste Flug nach...?
oem vie fiel oe^e ist dee^e nèèchst^he floek nach...
(om hoe veel uur is de volgende vlucht naar...)

Ik zou liever een vlucht later/vroeger hebben.
Ich hätte lieber einen späteren/früheren Flug.
ich hèt^he liebe^e ajn'n sjp^hèèt^her'n/fruuer'n floek
(ik zou-hebben liever een latere/vroegere vlucht)

Hoeveel kost het ticket?
Wie viel kostet das Ticket?
vie fiel k^host^het das t^hik^het
(hoe veel kost het ticket)

U zit op rij vier.
Sie sitzen in der Reihe vier.
zie zits'n in dee^e raje fie^e
(u zit in/op de rij vier)

U kunt de bagage nu inchecken.
Sie können jetzt das Gepäck einchecken.
zie k^hën'n jètst das Gep^hèk ajntsjèk'n
(u kunt nu de bagage inchecken)

Met de trein

Zowel in Duitsland als in Oostenrijk is de trein een heel comfortabel transportmiddel, waarmee u tevens het land ontdekt. Wenst u van München naar Innsbruck of zelfs tot in Verona te reizen, aarzel dan niet om de **EuroCity** te nemen en zo door de Alpen te sporen, waarbij u van adembenemende landschappen zult genieten.

conducteur	**der Schaffner**	dee^e sjafne^e
dienstregeling	**der Fahrplan**	dee^e faa^eplaan
loket	**der Schalter**	dee^e sjalt^he^e
perron	**der Bahnsteig**	dee^e baansjt^hajk
spoor	**das Gleis**	das Glajs
station (hoofd-)	**der Bahnhof (Haupt-)**	dee^e baanhoof (haupt-)
trein	**der Zug**	dee^e tsoek
traject	**die Fahrt**	die faa^et

Ik had graag een kaartje...	Ich möchte eine Fahrkarte...	ich mëcht^he ajne faa^ek^ha^et^he
heen/ retour naar...	**einfach/ hin und zurück nach...**	ajnfach/ hien oent tsoeruk nach
1e/2e klas.	**erste/zweite Klasse.**	ee^est^he/tsvajt^he klase

korting	**die Ermäßigung**	die è^emèèsiGoeng
toeslag	**der Zuschlag**	dee^e tsoesjlak

Hoe laat vertrekt de laatste trein naar...?
Um wie viel Uhr fährt der letzte Zug nach...?
oem vie fiel oe^e fèè^et dee^e lètst^he tsoek nach...

(om hoe veel uur rijdt de laatste trein naar...)

Hoeveel kost een kaartje naar...?
Wie viel kostet die Fahrkarte nach...?
vie fiel kʰostʰet die faaᵉkʰaᵉtʰe nach...
(hoe veel kost de rijkaart naar...)

Is het een directe verbinding?
Ist es ein durchgehender Zug?
ist ès ajn doeᵉçhGee-endeᵉ tsoek
(is het een doorgaande trein)

Moet men overstappen?
Muss man umsteigen?
moes man oemsjtʰajG'n

Is deze plaats vrij?
Ist dieser Platz frei?
ist diezeᵉ plats fraj

Komen we op tijd in... aan?
Kommen wir pünklich in... an?
kʰom'n vieᵉ pʰunktliçh in... an
(komen we punctueel in... aan)

Heeft de trein naar... vertraging?
Hat der Zug nach... Verspätung?
hat deeᵉ tsoek nach... fèᵉsjpʰèètʰoeng

De trein naar... vertrekt op spoor...
Der Zug nach... fährt vom Gleis... ab.
deeᵉ tsoek nach... fèèᵉt fom Glajs... ap
(de trein naar... vaart van-het spoor... af)

CONVERSATIE

Met de taxi

Ik wil graag naar hotel...
Ich möchte bitte zum Hotel...
içh mëçhtʰe bitʰe tsoem hootʰèl...
(ik zou-willen alstublieft naar-het hotel...)

Hier is het adres.
Hier ist die Adresse.
hieᵉ ist die adrèse

Ik kan hier uitstappen.
Ich kann hier aussteigen.
*içh kʰan hieᵉ **au**ssjtʰajG'n*
(ik kan hier uitstijgen)

Ik ga te voet verder.
Ich gehe zu Fuß weiter.
içh Geee tsoe foes vajtʰeᵉ

Met een tweewieler

helm	der Helm	deeᵉ hèlm
motor	das Motorrad	das mootʰooᵉraat
bromfiets	das Moped	das moopʰèt
fiets	das Fahrrad	das faaᵉraat

Ik ga/rij met de motor.
Ich fahre mit dem Motorrad.
içh faare mit deem mootʰooᵉraat

Met de boot

haven	der Hafen	deeᵉ haaf'n
schip	das Schiff	das sjif
veer(pont)	die Fähre	die fèère

De boottocht kost 7 euro.
Die Schiffstour kostet sieben Euro.
die sjifsthoeᵉ khosthet ziebʼn ojro
(de schiptour kost 7 euro)

Een auto huren

huurwagen	**der Mietwagen**	deeᵉ mietvaaGʼn
rijbewijs	**der Führerschein**	deeᵉ fuureᵉsjajn
verzekering	**die Versicherung**	die fèᵉziecheroeng

Ik zou een huurwagen willen voor een week.
Ich möchte einen Mietwagen für eine Woche.
içh mëchthe ajnʼn mietvaaGʼn fuuᵉ ajne voche
(ik zou-willen een huurwagen voor een week)

Hoeveel kost het per dag?
Wie viel kostet das pro Tag?
vie fiel khosthet das proo thaak

Met de auto

Indien u zich op de Oostenrijkste autosnelwegen wenst te begeven, dient u een **Pickerl** *[phikheᵉl]* - sticker aan te schaffen. Afhankelijk van de duur van uw verblijf kiest u voor een vignet dat één dag tot een paar maanden geldig is.
In Duitsland zijn de autosnelwegen gratis.

auto('s)/ wagen(s)	**das/die Auto(s)/ der/die Wagen(-)**	das/die autho(s)/ deeᵉ/die vaaGʼn(-)
autosnelweg	**die Autobahn**	die authobaan
benzine	**das Benzin**	das bèntsien

diesel/loodvrij	**Diesel/bleifrei**	*diez'l/blajfraj*
file	**der Stau**	*dee͏ᵉ sjtʰau*
garage	**die Werkstatt**	*die vèᵉksjtʰat*
landkaart	**die Landkarte**	*die lantkʰaᵉtʰe*
parkeerplaats	**der Parkplatz**	*dee͏ᵉ pʰaᵉkplats*
parkeerticket	**der Parkschein**	*dee͏ᵉ pʰaᵉksjajn*
rijksweg	**die Bundesstraße**	*die boendessjtraase*
snelheid	**die Geschwindigkeit**	*die Gesjvindiçkʰajt*
tankstation	**die Tankstelle**	*die tʰanksjtʰèle*
verkeer	**der Verkehr**	*dee͏ᵉ fèᵉkʰee͏ᵉ*
voorrang	**die Vorfahrt**	*die fooᵉfaaᵉt*

Rijd langzamer!
Fahr langsamer!
faaᵉ langzaameᵉ

Er staat een file.
Es gibt einen Stau.
ès Gibt ajn'n sjtʰau
(er geeft een file)

Mag ik hier parkeren?
Darf ich hier parken?
daᵉf iç hieᵉ pʰaᵉk'n

We moeten tanken.
Wir müssen tanken.
vieᵉ mus'n tʰank'n

Bij het volgende tankstation stop ik.
Bei der nächsten Tankstelle halte ich an.
baj deeᵉ nèèçst'n tʰanksjtʰèle haltʰe iç an
(bij de volgende/dichtstbije tankplaats houd ik aan)

Voltanken alstublieft!
Volltanken bitte!
foltʰank'n bitʰe

Kunt u de bandendruk nakijken?
Können Sie den Luftdruck überprüfen?
kʰën'n zie deen loeftdroek uubeᵉpruuf'n
(kunt u de luchtdruk nakijken)

Bij problemen

Waar is de dichtstbijzijnde garage?
Wo ist die nächste Werkstatt?
voo ist die nèèçhstʰe vèᵉksjtʰat
(waar is de volgende/dichtstbije werkplaats)

Ik heb autopech.
Ich habe eine Panne.
içh haabe ajne pʰane
(ik heb een panne)

Ik heb een lekke band.
Ich habe einen Platten.
içh haabe ajn'n plat'n
(ik heb een platte)

Ik moet deze band verwisselen.
Ich muss diesen Reifen wechseln.
içh moes diez'n rajf'n vèks'ln

Kunt u dit repareren?
Können Sie das reparieren?
kʰën'n zie das reepʰarier'n

Hoeveel tijd hebt u daarvoor nodig?
Wie lange brauchen Sie dafür?
vie lange brauch'n zie dafuuᵉ
(hoe lang nodig-hebben u daarvoor)

Hoeveel kost de reparatie?
Wie viel kostet die Reparatur?
vie fiel kʰostʰet die reepʰaratʰoeᵉ
(hoe veel kost de reparatie)

Auto-onderdelen

achteruitkijkspiegel	der Rückspiegel	deeᵉ ruksjpʰieG'l
band(en)	der/die Reifen(-)	deeᵉ/die rajf'n(-)
batterij, accu	die Batterie	die batʰerie
benzinetank	der Benzintank	deeᵉ bèntsientʰank
bougie(s)	die Zündkerze(n)	die tsuntkʰëᵉtse(n)
bumper	die Stoßstange	die sjtʰoossjtʰanGe
gevarendriehoek	das Warndreieck	das vaᵉndrajèk
knipperlicht	der Blinker	deeᵉ blinkeᵉ
koppeling	die Kupplung	die kʰoeploeng
lichten (waarschuwings-)	die Lichter (Warn-)	die lichtʰeᵉ (vaᵉn-)

motor	der Motor	deeͤ mootͪoͤ
ontsteking	die Zündung	die tsundoeng
remmen	die Bremsen	die brèmz'n
ruit	die Scheibe	die sjajbe
ruitenwissers	die Scheibenwischer	die sjajb'nvisjeͤ
sneeuwkettingen	die Schneeketten	die sjneekͪèt'n
starter	der Anlasser	deeͤ anlaseͤ
stuur	das Steuer	das sjtͪojeͤ
uitlaat	der Auspuff	deeͤ auspͪoef
veiligheidsgordel	der Sicherheitsgurt	deeͤ ziçheͤhajtsGoeͤt
veiligheidsvestje	die Warnweste	die vaͤnvèstͪe
versnellingsbak	das Getriebe	das Getriebe
voorruit	die Windschutzscheibe	die vintsjoetssjajbe
wiel(en)	das/die Rad (Räder)	das raat/die rèèdeͤ

Borden

BUSHALTE	BUSHALTESTELLE	boeshaltͪesjtͪèle
DOODLOPENDE STRAAT	SACKGASSE	zakGase
DOORRIJHOOGTE	DURCHFAHRTSHÖHE	doeͤçhfaaͤtsheue
EENRICHTINGSVERKEER	EINBAHNSTRAßE	ajnbaansjtraase
GEVAAR	GEFAHR	Gefaaͤ
OMLEIDING	UMLEITUNG	oemlajtͪoeng
OPGELET	ACHTUNG	achtͪoeng
VERBODEN	VERBOTEN	fèͤboot'n
WERKEN, WERKZAAMHEDEN	BAUARBEITEN	bauaͤbajt'n

↗ In de stad

De weg vinden

politieagent	der Polizist	deeͤ **pool**ietsist
richting	die Richtung	die **rich**tʰoeng
stad	die Stadt	die **sjt**ʰat
stadscentrum	das Stadtzentrum	das **sjt**ʰat-tsèntroem
stadsplan, -plattegrond	der Stadtplan	deeͤ **sjt**ʰatplaan
straat (straten)	die Straße(n)	die **sjtraa**se(n)
voorstad	der Vorort	deeͤ **foo**roͤt
weg	der Weg	deeͤ **veek**

Het is…	Es ist…	ès ist
rechts.	rechts.	rèchts
links.	links.	links
hier.	hier.	hieͤ
daar.	dort.	doͤt
ver.	weit.	vajt
dichtbij.	nah.	naa
honderd meter verder.	hundert Meter weiter.	**hoen**deͤt **meet**ʰeͤ **vajt**ʰeͤ
na het kruispunt.	nach der Kreuzung.	nach deeͤ **kroj**tsoeng
na het verkeerslicht.	nach der Ampel.	nach deeͤ **amp**'l
om de hoek	um die Ecke	oem die **èk**ʰe
rechtdoor.	geradeaus.	Geraade**aus**
tegenover, aan de overkant.	gegenüber.	GeeG'n**uu**beͤ

noorden	der Norden	deeͤ **no**ͤd'n
oosten	der Osten	deeͤ **ost**'n
zuiden	der Süden	deeͤ **zuud**'n
westen	der Westen	deeͤ **vèst**'n

Excuseer! Hoe kom ik bij het station?
Entschuldigung! Wie komme ich zum Bahnhof?
*èntsj**oel**dieGoeng vie k^home iç^h tsoem b**aa**nhoof*
(verontschuldiging hoe kom ik bij-het station)

Het staat aangeduid.
Es ist ausgeschildert.
*ès ist **au**sGesjilde^et*
(het is uitgeschilderd)

Neemt u de tweede links.
Nehmen Sie die zweite links.
*n**ee**m'n zie die tsv**aj**t^he links*

Hoe ver is het te voet?
Wie weit ist es zu Fuß?
vie vajt ist ès tsoe foes

U bent verkeerd gelopen.
Sie haben sich verlaufen.
*zie h**aa**b'n ziç^h fè^el**au**f'n*
(u hebt zich verlopen)

U bent verkeerd gereden.
Sie haben sich verfahren.
*zie h**aa**b'n ziç^h fè^ef**aa**r'n*
(u hebt zich verreden)

Rijdt u altijd verder rechtdoor.
Fahren immer weiter geradeaus.
*f**aa**r'n zie im**e**^e v**aj**t^he^e Ger**aa**de**au**s*

U moet terugrijden.
Sie müssen zurückfahren.
*zie m**u**s'n tsoer**u**kfaar'n*

Slaat u rechts af.
Biegen Sie rechts ab.
bieG'n zie rèç^hts ap

Metro, bus en tram

bus	**der Bus**	*dee͞ boes*
metro	**die U-Bahn**	*die oe-baan*
tram	**die Straßenbahn**	*die sjtraas'nbaan*

Waar is de dichtstbijzijnde bushalte / het metrostation?
Wo ist die nächste Bushaltestelle/U-Bahnstation?
voo ist die nèèchst͟ʰe boeshalt͟ʰesjt͟ʰèle/oe-baansjt͟ʰatsioon
(waar is de dichtstbije bushalteplaats/U-baanstation)

Neem lijn...
Nimm die Linie...
nim die lienje...
(neem de lijn...)

U moet bij het volgende station overstappen.
Sie müssen bei der nächsten Station umsteigen.
zie mus'n baj dee͞ nèèchst'n sjt͟ʰatsioon oemsjt͟ʰajG'n

Een tentoonstelling, museum of toeristische plaats bezoeken

Alle musea of andere plekken die een bezoek waard zijn opsommen, is onbegonnen werk. We beperken ons tot een paar aanbevelingen: kunstmusea zoals **die Alte und die Neue Pinakothek** *[die alt͟ʰe oent die noje pʰienakʰoot͟ʰeek]* in München, de romantische kastelen in Beieren of het kasteeel van **Schönbrunn** *[sjeunbroen]*, of het *Huis van de muziek* - **Haus der Musik** *[haus dee͞ moeziek]* in Wenen dat terzelfder tijd museum en musicologielaboratorium is.

bezichtiging	**die Besichtigung**	die be*zie*çhtʰie*Goe*ng
kasteel/kastelen	**das/die Schloss (Schlösser)**	das sjlos/die sj*lë*seᵉ
museum	**das Museum**	das moe*zee*oem
openingstijden	**die Öffnungszeiten**	die *ë*fnoengstsajt'n
tentoonstelling	**die Ausstellung**	die *au*ssjtʰèloeng
toegangskaartje(s)	**die Eintrittskarte(n)**	die *a*jntritskʰaᵉtʰe(n)
volwassene/kinderen	**Erwachsene/Kinder**	èrvaksene/kʰindeᵉ

Ik zou een toegangskaartje willen, alstublieft.
Ich möchte bitte eine Eintrittskarte.
içh mëçhtʰe bitʰe ajne ajntritskʰaᵉtʰe
(ik zou-willen alstublieft een intredekaart)

Tot hoe laat duurt het bezoek?
Bis wie viel Uhr ist die Besichtigung?
bis vie fiel oeᵉ ist die beziéçhtʰieGoeng
(tot hoe veel uur is de bezichtiging)

De toegang is vrij.
Der Eintritt ist frei.
deeᵉ ajntrit ist fraj

Hoe laat opent/sluit het museum?
Um wie viel Uhr öffnet/schließt das Museum?
oem vie fiel oeᵉ ëfnet/sjliest das moezeeoem
(om hoe veel uur opent/sluit het museum)

CONVERSATIE

Naar de bioscoop, het theater, een concert,…

bioscoop	das Kino	das kʰienoo
concert	das Konzert	das kʰontsèᵉt
film	der Film	deeᵉ film
opera	die Oper	die oopʰeᵉ
orkest	das Orchester	das oᵉkʰèstʰeᵉ
plaats	der Platz	deeᵉ plats
theater, toneel	das Theater	das tʰeeaatʰeᵉ
toneelstuk	das Theaterstück	das tʰeeaatʰeᵉsjtʰuk

Ik zou twee plaatsen willen voor het concert van vanavond.
Ich möchte zwei Plätze für das Konzert von heute Abend.
içh mëçhtʰe tsvaj plètse fuuᵉ das kʰontsèᵉt fon hojtʰe aab'nt
(ik zou-willen twee plaatsen voor het concert van heden avond)

Helaas is alles uitverkocht.
Leider ist alles ausverkauft.
lajdeᵉ ist ales ausfeᵉkʰauft

Zouden jullie naar de bioscoop willen gaan?
Möchtet ihr ins Kino gehen?
mëçhtʰet ieᵉ ins kʰienoo Geeʼn
(zouden-willen jullie naar-de bioscoop gaan)

Hoe duur zijn de plaatsen?
Wie teuer sind die Plätze?
vie tʰojeᵉ zint die plètse

Bezienswaardigheden

Waar bevindt zich...?	Wo befindet sich...?	voo befindt zich
de beiaard	das Glockenspiel	das Glok'nsjp'iel
de botanische tuin	der botanische Garten	dee° boot'aanisje Ga°t'n
de burcht	die Burg	die boe°k
het graf (van)	das Grab (von)	das Graap (fon)
de haven	der Hafen	dee° haaf'n
de kathedraal	die Kathedrale	die k'at'eedraale
de kerk	die Kirche	die k'irçhe
het kerkhof	der Friedhof	dee° friedhoof
de kerstmarkt	der Weihnachtsmarkt	dee° vajnachtsma°kt
het paleis	der Palast	dee° p'alast
de plaats, het plein	der Platz	dee° plats
het raadhuis, stadhuis	das Rathaus	das raathaus
het stadion	das Stadion	das sjt'aadion
de zoo	der Zoo	dee° tsoo

In het postkantoor

aangetekend	per Einschreiben	p'è° ajnsjrajb'n
adres	die Adresse	die adrèse
afzender	der Absender	dee° apzènde°
brief	der Brief	dee° brief
briefomslag, enveloppe	der Briefumschlag	dee° briefoemsjlaak
geadresseerde	der Empfänger	dee° èmpfènge°
kaart (post-, brief~)	die Postkarte	die p'ostk'a°t'e
pakje	das Päckchen	das p'èkçh'n
per expresse	per Eilpost	p'è° ajlp'ost
post	die Post	die p'ost
postkantoor	das Postamt	das p'ostamt
postzegel	die Briefmarke	die briefma°ke

CONVERSATIE

Waar bevindt zich het dichtstbijzijnde postkantoor?
Wo befindet sich das nächste Postamt?
voo befindet zich das nèèchst*e p*ostamt

Ik had graag postzegels voor Europa.
Ich hätte gern Briefmarken für Europa.
ich hèt*e Gè*n briefma*k'n fuu* ojroop*a
(ik zou-hebben graag briefmerken voor Europa)

Ik zou deze brief aangetekend willen versturen.
Ich möchte diesen Brief per Einschreiben abschicken.
ich mëcht*e diez'n brief p*è* ajnsjrajb'n apsjik'n
(ik zou-willen deze brief per inschrijven versturen)

Telefoneren

Bij het opnemen, zeggen Duitstaligen meestal hun naam, eventueel aangevuld met **am Apparat** [am ap*araat] - *aan het toestel*: **(Peter) Schmidt (am Apparat)**.

antwoordapparaat	**der Anrufbeantworter**	dee* **a**nroefbeantvo*t*e*
bericht	**die Nachricht**	die **na**chricht
gsm, mobieltje	**das Handy**	das **hè**ndie
kengetal	**die Vorwahl**	die **foo***vaal
sms	**die SMS**	die **ès**è**mès**
telefoon	**das Telefon**	das t*eelee**foon**
telefooncel	**die Telefonzelle**	die t*eelee**foon**tsèle
telefoongids	**das Telefonbuch**	das t*eelee**foon**boech
telefoonkaart	**die Telefonkarte**	die t*eelee**foon**k*a*t*e
telefoonnummer	**die Telefonnummer**	die t*eelee**foon**noeme*

Ik moet telefoneren (aanroepen).
Ich muss anrufen.
*içh moes **a**nroef'n*

Wat is je telefoonnummer/mobiel nummer?
Wie lautet deine Telefonnummer/Handynummer?
*vie lautͪet dajne tͪeeleef**oo**nnoeme*/h**è**ndienoeme*ᵉ*
(hoe luidt je telefoonnummer/gsmnummer)

Ik heb een sms verstuurd/ontvangen (gestuurd/bekomen).
Ich habe eine SMS geschickt/bekommen.
*içh h**aa**be **a**jne èsèmès Gesjikt/bekʰ**o**m'n*

Aan de telefoon

Hallo, ik hoor u slecht.
Hallo, ich höre Sie schlecht.
*hal**oo** içh h**eu**re zie sjlèçht*

Wie heb ik aan de lijn?
Wer ist am Apparat?
*veeᵉ ist am apʰar**aa**t*
(wie is aan-het toestel)

Ik zou Paula willen spreken.
Ich möchte mit Paula sprechen.
*içh mëçhtʰe mit pʰ**au**la sjprèçh'n*
(ik zou-willen met Paula spreken)

Het is bezet.
Es ist besetzt.
*ès ist bez**è**tst*

Kan ik een bericht achterlaten?
Kann ich eine Nachricht hinterlassen?
*kʰan içh **a**jne nachriçht hintʰeᵉl**a**s'n*

Ik heb me vergist.
Ich habe mich verwählt.
*Içh h**aa**be miçh fëᵉv**èè**lt*

Tot wederhoren!
Auf Wiederhören!
*auf viedeᵉh**eu**r'n*

Internet

Waar is er hier een internetcafé, alstublieft?
Wo gibt es hier ein Internetcafé bitte?
voo Gibt ès hie^e ajn int^{h}e^{e}nètk^{h}afee bit^{h}e

Ik stuur je alles per e-mail.
Ich schicke dir alles per E-mail.
içh sjik^{h}e die^e ales p^{h}è^e **ie**meejl

Ik zou mijn mailbox willen checken.
Ich möchte meine Mailbox abrufen.
içh mëçht^{h}e majne meejlboks aproef'n
(ik zou-willen mijn mailbox afroepen)

De verbinding is slecht.
Die Verbindung ist schlecht.
die fè^{e}bindoeng ist sjlèçht

Ik zou dit document willen downloaden.
Ich möchte dieses Dokument herunterladen.
içh mëçht^{h}e diezes dook^{h}oemènt heeroent^{h}e^{e}laad'n
(ik zou-willen dit document benedenladen)

Diefstal of verlies aangeven

Hier kunt u terecht:

ambassade	**die Botschaft**	*die bootsjaft*
consulaat	**das Konsulat**	*das k^honzoelaat*
politie	**die Polizei**	*die p^hoolietsaj*

Ik zoek het Belgische/Nederlandse consulaat.
Ich suche das belgische/niederländische Konsulat.
içh zoeche das bèlGisje/niede^elèndisje k^honzoelaat

Ze hebben mijn papieren en mijn portemonnee gestolen.
Mir wurden meine Papiere und mein Geldbeutel gestohlen.
mie^e voe^ed'n majne p^hap^hiere oent majn Gèltbojt'l Gesjt^hool'n
(van-mij werden mijn papieren en mijn geldbuidel gestolen)

Ik zou een aangifte willen doen.
Ich möchte eine Anzeige erstatten.
içh mëcht^he ajne antsajGe è^esjt^hat'n
(ik zou-willen een aangifte doen)

CONVERSATIE

In de bank

bank	**die Bank**	die bank
biljet(ten)	**der/die Schein(e)**	dee^e/die sjajn(e)
geld	**das Geld**	das Gèlt
kleingeld	**das Kleingeld**	das klajnGèlt
kredietkaart	**die Kreditkarte**	die kreeditk^ha^et^he
muntstuk(ken)	**die Münze(n)**	die muntse(n)
valuta	**die Währung**	die vèèroeng

Waar is er een bankautomaat?
Wo gibt es einen Bankautomaten?
voo Gibt ès ajn'n bankaut^homaat'n

Kan je 100 euro opnemen?
Kannst du 100 Euros abheben?
k^hanst doe hoende^et ojros apheeb'n
(kan je 100 euro's afheffen)

Ik zou geld willen wisselen.
Ich möchte Geld wechseln.
içh mëçht^he Gèlt vèks'ln
(ik zou-willen geld wisselen)

Bij de kapper

blond	**blond**	blont
bruin	**braun**	braun
droog	**trocken**	trok'n
haar, haren	**die Haare**	die h**aa**re
haardroger, föhn	**der Fön**	dee**e** feun
haarsnit	**der Haarschnitt**	dee**e** h**aa**ᵉsjnit
kapper	**der Friseur**	dee**e** friez**eu**ᵉ
kort	**kurz**	kʰoeᵉts
lang	**lang**	lang
normaal	**normal**	noᵉm**aa**l
permanent	**die Dauerwelle**	die d**aue**ᵉvèle
pony	**das Pony**	das pʰ**o**ni
rossig	**rötlich**	r**eu**tliçh
shampoo	**das Shampoo**	das sj**a**mpʰoe
vettig	**fettig**	fètʰiçh
zwart	**schwarz**	sjvaᵉts

Ik zou mijn haar willen laten knippen/kleuren.
Ich möchte mir die Haare schneiden/färben lassen.
*içh mëçhtʰe mieᵉ die h**aa**re sjn**a**jd'n/f**è**ᵉb'n l**a**s'n*
(ik zou-willen me de haren snijden/verven laten)

Niet te kort.
Nicht zu kurz.
niçht tsoe kʰoeᵉts

⏷ In de bergen, op het strand en op het platteland

In de bergen

Duitsland en vooral Oostenrijk, waar de Alpen twee derden van de oppervlakte beslaan, is een paradijs voor ski- en trekkingliefhebbers. Grote Oostenrijkse stations zijn o.a. **Sankt-Anton** [zankt antʰon], **Badgastein** [badGastʰajn], **Lech** [lèch], **Kitzbühel** [kʰitsbuul]…

beek	**der Bach**	deeᵉ bach
berg	**der Berg**	deeᵉ bèᵉk
dorp(en)	**das/die Dorf (Dörfer)**	das doᵉf/die dëᵉfeᵉ
gondel	**die Gondel**	die Gond'l
hut	**die Hütte**	die hutʰe
lift	**der Lift**	deeᵉ lift
meer	**der See**	deeᵉ zee
ski's en skistokken	**die Skier und die Skistöcke**	die sjieeᵉ oent die sjiesjtʰëkʰe
skioord	**der Skiort**	deeᵉ sjieoᵉt
skipas	**der Skipass**	deeᵉ sjiepʰas
sneeuw	**der Schnee**	deeᵉ sjnee
stoeltjeslift	**der Sessellift**	deeᵉ zès'llift
wandelweg	**der Wanderweg**	deeᵉ vandeᵉveek

Ik ga de bergen in.
Ich fahre in die Berge.
içh faare in die bèᵉGe
(ik rijd in de bergen)

Ik ski graag.
Ich laufe gern Schi.
içh laufe Gèᵉn sjie
(ik loop graag ski)

We zouden een trektocht willen maken.
Wir möchten eine Wanderung machen.
vieᵉ mëcht'n ajne vanderoeng mach'n
(we zouden-willen een trektocht maken)

Op het strand of aan het zwembad

De *Noordzee* - **Nordsee** *[noᵉtzee]* en de *Baltische* of *Oostzee* - **Ostsee** *[ostzee]*, met hun vele eilandjes, zijn Duitse gebieden waar 's zomers in de badplaatsen een massa toeristen neerstrijkt. In tegenstelling tot de *Noordzee* is in de *Oostzee* het getijdenverloop gering.

eb/vloed	**Ebbe/Flut**	*èbe/floet*
golf	**die Welle**	*die vèle*
mossel, schelp	**die Muschel**	*die moesj'l*
strand	**der Strand**	*deeᵉ sjtrant*
surfplank	**das Surfbrett**	*das suᵉfbrèt*
zand	**der Sand**	*deeᵉ zant*
zee	**das Meer**	*das meeᵉ*
zeekreeft	**der Seekrebs**	*deeᵉ zeekreeps*
zeilboot	**das Segelboot**	*das zeeG'lboot*
zwembad	**das Schwimmbad**	*das sjvimbaat*

We gaan naar het strand.
Wir gehen an den Strand.
vieᵉ Gee'n an deen sjtrant

Hoe laat opent/sluit het zwembad?
Um wie viel Uhr öffnet/schließt das Schwimmbad?
oem vie fiel oeᵉ ëfnet/sjliest das sjvimbaat
(om hoe veel uur opent/sluit het zwembad)

Je kan surfen, duiken of zeilen.
Du kannst surfen, tauchen oder segeln.
doe kʰanst suᵉf'n, tʰauch'n oodeᵉ zeeG'ln

CONVERSATIE

Op het platteland

We kunnen naar het platteland gaan.
Wir können aufs Land fahren.
vieͤ kʰën'n aufs lant faar'n
(we kunnen op/naar-het land rijden)

We zouden een week op de boerderij willen doorbrengen.
Wir möchten eine Woche auf dem Bauernhof verbringen.
vieͤ mëcht'n ajne voche auf deem baueͤnhoof fèͤbring'n
(we zouden-willen een week op-het boerenhof doorbrengen)

We gaan naar het bos.
Wir gehen in den Wald.
vieͤ Gee'n in deen valt

Kamperen

camper	**das Wohnmobil**	das voonmobiel
caravan	**der Wohnwagen**	deeͤ voonvaaG'n
kampeerterrein	**der Campingplatz**	deeͤ kʰèmpʰingplats
luchtmatras	**die Luftmatratze**	die loeftmatratse
slaapzak	**der Schlafsack**	deeͤ sjlaafzak
tent	**das Zelt**	das tsèlt
voordak	**das Vordach**	das fooͤdach

Mag men hier kamperen?
Kann man hier zelten?
kʰan man hieͤ tsèlt'n
(kan/mag men hier tenten)

Waar is de dichtstbijzijnde camping(plaats)?
Wo ist der nächste Campingplatz?
voo ist dee^e nèèchst^he k^hèmp^hingplats

Hoeveel kost het voor een caravan (woonwagen)?
Wie viel kostet es für einen Wohnwagen?
vie fiel k^host^het ès fuu^e ajn'n voonvaaG'n

Kampeeruitrusting:

bestek	**das Besteck**	*das besjt^hèk*
blikopener	**der Dosenöffner**	*dee^e dooz'nëfne^e*
braadpan	**die Bratpfanne**	*die braatpfane*
butagas	**das Butangas**	*das boet^haanGaas*
flesopener	**der Flaschenöffner**	*dee^e flasj'nëfne^e*
gastoestel	**der Gaskocher**	*dee^e Gaask^hoche^e*
hamer	**der Hammer**	*dee^e hame^e*
koelkast	**der Eisschrank**	*dee^e ajssjrank*
klapstoel	**der Klappstuhl**	*dee^e klapsjt^hoel*
klaptafel	**der Klapptisch**	*dee^e klapt^hisj*
kookpot	**der Kochtopf**	*dee^e k^hocht^hopf*
kurkentrekker	**der Korkenzieher**	*dee^e k^ho^ek'ntsiee^e*
lucifer(s)	**das/die Streichholz (Streichhölzer)**	*das/die sjtrajchholts (sjtrajchhëltse^e)*
muggennet	**das Mückennetz**	*das muk'nnèts*
schaar	**die Scheere**	*die sjeere*
thermosfles	**die Thermosflasche**	*die t^hèrmoosflasje*
touw	**das Seil**	*das zajl*
vaatwerk	**das Geschirr**	*das Gesjir*
verbandkist	**der Verbandskasten**	*dee^e fë^ebantsk^hast'n*
(zak)lamp	**die (Taschen)Lampe**	*die (t^hasj'n)lamp^he*
zakmes	**das Taschenmesser**	*das t^hasj'nmèse^e*

CONVERSATIE

Bomen, bloemen en planten

blad(eren)	**das/die Blatt (Blätter)**	das blat/die blètʰeᵉ
bloem(en)	**die Blume(n)**	die bloeme(n)
boom (bomen)	**der/die Baum (Bäume)**	deeᵉ baum/die bojme
plant(en)	**die Pflanze(n)**	die pflantse(n)

appelboom	**der Apfelbaum**	deeᵉ apf'lbaum
berk(en)	**die Birke(n)**	die biᵊkʰe(n)
den(nen)	**die Tanne(n)**	die tʰane(n)
eik(en)	**die Eiche(n)**	die ajche(n)
kastanjeboom (-bomen)	**die Kastanie(n)**	die kʰastʰaanje(n)
kersenboom	**der Kirschbaum**	deeᵉ kʰiᵊsjbaum
perenboom	**der Birnbaum**	deeᵉ biᵊnbaum
populier(en)	**die Pappel(n)**	die pʰap'l(n)

boterbloemen	**die Butterblumen**	die boetʰeᵉbloem'n
geraniums	**die Geranien**	die Geeraanjen
madeliefjes	**die Gänseblümchen**	die Gènzebluumçh'n
rozen	**die Rosen**	die rooz'n
tulpen	**die Tulpen**	die tʰoelp'n

Dieren

dier(en)	**das/die Tier(e)**	das/die tʰier(e)
vis(sen)	**der/die Fisch(e)**	deeᵉ/die fisj(e)
vogel(s)	**der/die Vogel (Vögel)**	deeᵉ fooG'l/die feuG'l

dierenarts	**der Tierarzt**	deeᵉ tʰieraᵉtst

Huis- en boerderijdieren

goudvis	**der Goldfisch(e)**	*dee^e Goldfisj(e)*
haan	**der Hahn (Hähne)**	*dee^e haan (hèène)*
hond	**der Hund(e)**	*dee^e hoent (hoende)*
kat, poes	**die Katze(n)**	*die kʰatse(n)*
kip	**das Huhn (Hühner)**	*das hoen (huune^e)*
koe	**die Kuh (Kühe)**	*die kʰoe (kʰuue)*
konijn	**das Kaninchen(-)**	*das kʰanienç'n(-)*
os	**der Ochs(en)**	*das oks('n)*
paard	**das Pferd(e)**	*das pfee^et (pfee^ede)*
schaap	**das Schaf(e)**	*das sjaaf(e)*
varken	**das Schwein(e)**	*das sjvajn(e)*

Dieren in de natuur

aap	**der Affe(n)**	*dee^e afe(n)*
arend	**der Adler(-)**	*dee^e aadle^e(-)*
beer	**der Bär(en)**	*dee^e bèèr('n)*
dolfijn	**der Delfin(e)**	*dee^e dèlfien(e)*
duif	**die Taube(n)**	*die tʰaube(n)*
eekhoorn	**das Eichhörnchen(-)**	*das ajch-heu^ench'n(-)*
egel	**der Igel(-)**	*dee^e ieG'l(-)*
everzwijn	**das Wildschwein(e)**	*das viltsjvajn(e)*
giraf	**die Girafe(n)**	*die Gierafe(n)*
haai	**der Hai(e)**	*dee^e haj(e)*
hert	**der Hirsch(e)**	*dee^e hi^esj(e)*
kameel	**das Kamel(e)**	*das kʰameel(e)*
leeuw	**der Löwe(n)**	*dee^e leuve(n)*
marmot	**das Murmeltier(e)**	*das moe^em'ltʰie^e(e)*

CONVERSATIE

meeuw	die Möwe(n)	die meuve(n)
mol	der Maulwurf (-würfe)	dee^e maulvoe^ef (-vuu^efe)
muis	die Maus (Mäuse)	die maus (mojze)
mus	der Spatz(en)	dee^e sjp^hats('n)
neushoorn	das Nashorn (-hörner)	das naasho^en (-hë^ene^e)
nijlpaard	das Nilpferd(e)	das nielpfee^et (-pfee^ede)
olifant	der Elefant(en)	dee^e eeleefant(n)
raaf	der Rabe(n)	dee^e raabe(n)
slang	die Schlange(n)	die sjlange(n)
tijger	der Tiger(-)	dee^e t^hieGe^e(-)
uil	die Eule(n)	die ojle(n)
vos	der Fuchs (Füchse)	dee^e foeks (fukse)
wolf	der Wolf (Wölfe)	dee^e volf (vëlfe)
zebra	das Zebra(s)	das tseebra(s)
zwaan	der Schwan (Schwäne)	dee^e sjvaan (sjvèène)

Insecten

bij	die Biene(n)	die biene(n)
insect	das Insekt(en)	das inzèkt(n)
lieveheersbeestje	der Marienkäfer(-)	dee^e marie'nk^hèèfe^e(-)
mier	die Ameise(n)	die aamajze(n)
mug	die Mücke(n)	die muk^he(n)
spin	die Spinne(n)	die sjp^hine(n)
vlieg	die Fliege(n)	die flieGe(n)
vlinder	der Schmetterling(e)	dee^e sjmèt^he^eling(e)
wesp	die Wespe(n)	die vèsp^he(n)

↗ **Overnachten**

Wenst u bij particulieren te overnachten, dan zoekt u het bordje **Zimmer zu vermieten** *[tsime͏ᵉ tsoe fè͏ᵉmiet'n]* - *Kamers te huur* of **Ferienzimmer** *[feerjentsime͏ᵉ]* - *Vakantiekamers*.

hotel	**das Hotel**	*das hoot'èl*
jeugdherberg	**die Jugendherberge**	*die joeG'nthè͏ᵉbè͏ᵉGe*
pension	**die Pension**	*die pʰènzioon*

Een kamer reserveren

Ik zou graag ... willen.	**Ich hätte gern...**	*içh hèt'ʰe Gè͏ᵉn*
een eenpersoonskamer	**ein Einzelzimmer.**	*ajn ajnts'ltsime͏ᵉ*
een tweepersoonskamer	**ein Doppelzimmer.**	*ajn dop'ltsime͏ᵉ*
met eenpersoonsbedden/ tweepersoonsbed	**mit Einzelbetten/ Doppelbett**	*mit ajnts'lbèt'n/ dop'lbèt*
met bad/douche	**mit Bad/Dusche**	*mit baat/doesje*

Hebt u nog een kamer vrij voor twee nachten?
Haben Sie noch ein Zimmer frei für zwei Nächte?
haab'n zie noch ajn tsime͏ᵉ fraj fuu͏ᵉ tsvaj nèçhtʰe

We hebben een kamer vrij.
Wir haben ein Zimmer frei.
vie͏ᵉ haab'n ajn tsime͏ᵉ fraj

Ik neem ze.
Ich nehme es.
içh neeme ès

We zijn helaas vol(zet).
Wir sind leider voll.
vie͏ᵉ zint lajde͏ᵉ fol

Hoeveel kost de overnachting met ontbijt?
Wie viel kostet die Übernachtung mit Frühstück?
vie fiel kʰostʰet die uubeenachtʰoeng mit fruusjtʰuk
(hoe veel kost de overnachting met vroegstuk)

Aan de receptie

Ik heb een kamer gereserveerd op naam van...
Ich habe ein Zimmer auf den Namen von... reserviert.
içh haabe ajn tsimee auf deen naam'n fon... reezèevieet
(ik heb een kamer op de naam van... gereserveerd)

Kunt u me alstublieft om acht uur wekken?
Können Sie mich bitte um acht Uhr wecken?
kʰën'n zie miçh bitʰe oem acht oee vèk'n

Hoe laat is het ontbijt?
Um wie viel Uhr gibt es Frühstück?
oem vie fiel oee Gibt ès fruusjtʰuk
(om hoe veel uur geeft er vroegstuk)

Hotelservice en ontbijt

Er volgt een lijstje met termen voor wat u in uw kamer of bij het ontbijt nodig kunt hebben. Het ontbijt is traditioneel uitgebreid, bevat hartige producten en een grote keuze aan brood en broodjes.

bar	**die Bar**	die baae
receptie	**der Empfang**	deee èmpfang
restaurant	**das Restaurant**	das rèstʰaurā

Zou ik alstublieft… kunnen hebben?
Könnte ich bitte… haben?
kʰëntʰe iç bitʰe… haab'n
(zou-kunnen ik alstublieft… hebben)

een deken	**eine Decke**	ajne dèkʰe
een handdoek	**ein Handtuch**	ajn hanttʰoech
kleerhangers	**Bügel**	buuG'l
naald en draad	**Nadel und Faden**	naad'l oent faad'n
shampoo	**Shampoo**	sjampʰoe
zeep	**Seife**	zajfe

beschuit	**Zwieback**	tsviebak
een bord	**einen Teller**	ajn'n tʰèleᵉ
boter	**Butter**	boetʰeᵉ
brood (wit-, volkoren-, zwart-)	**Brot (Weiß-, Vollkorn-, Schwarz-)**	broot (vajs-, folkʰoᵉn-, sjvaᵉts-)
broodbeleg	**Aufschnitt**	aufsjnit
broodjes	**Brötchen**	breutçʰ'n
cacao, chocolademelk	**Kakao**	kʰakʰau
een ei (zacht-/hard-gekookt)	**ein weich/hart gekochtes Ei**	ajn vajçʰ/haᵉt Gekʰochtʰes aj
een glas	**ein Glas**	ajn Glaas
honing	**Honig**	hooniçh
kaas	**Käse**	kʰèèze
koekjes	**Kekse**	kʰeekse
koffie	**Kaffee**	kʰafee
een kopje	**eine Tasse**	ajne tʰase
een lepel	**einen Löffel**	ajn'n lëf'l
margarine	**Margarine**	maᵉGariene
marmelade, jam	**Marmelade**	maᵉmelaade
melk	**Milch**	milçh

CONVERSATIE

een mes	ein Messer	ajn mès*
muesli	Müsli	muusli
een omelet	ein Omelett	ajn omelèt
peper	Pfeffer	pfèfe*
roerei(eren)	Rühreier	ruuraje*
een sinaasappel-/pompelmoes-, grapefruitsap	einen Orangen-/Pampelmusensaft	ajn'n oranzj'n-/pʰamp'lmoez'nzaft
spiegeleieren (met spek)	Spiegeleier (mit Speck)	sjpʰieG'laje* (mit sjpʰèk)
suiker	Zucker	tsoekʰe*
thee	Tee	tʰee
een vork	eine Gabel	ajne Gaab'l
water	Wasser	vase*
een yoghurt	ein Yogurt	ajn jooGoe*t
zout	Salz	zalts

Problemen

Doet er zich een probleem voor in uw kamer, noem dan waarmee iets mis is en combineer dit met een van de structuren op de volgende bladzijde:

airco	die Klimaanlage	die kliema-anlaaGe
gloeilamp	die Glühbirne	die Gluubi*ne
licht	das Licht	das licht
stopcontact	die Steckdose	die sjtʰèkdooze
telefoon	das Telefon	das tʰeeleefoon
televisie	der Fernseher	dee* fè*nzee*
verwarming	die Heizung	die hajtsoeng
wastafel	das Waschbecken	das vasjbèk'n
waterkraan	der Wasserhahn	dee* vase*haan

... werkt (functioneert) *niet / is stuk* (kapot).
... funktioniert nicht / ist kaputt.
*... funktsioonie*ᵉ*t nicht / ist kʰapʰoet*

De toiletten zijn verstopt.
Die Toiletten sind verstopft.
die twalèt'n zint fèᵉsjtʰopft

De waterkraan drupt.
Der Wasserhahn tropft.
deeᵉ vaseᵉhaan tropft

Er is geen warm water.
Es gibt kein warmes Wasser.
ès Gibt kʰajn vaᵉmes vaseᵉ
(het/er geeft geen warm water)

Afrekenen

De rekening, alstublieft!
Die Rechnung bitte!
die rèchnoeng bitʰe

Ik zou graag een kwitantie hebben.
Ich hätte gern eine Quittung.
ich hètʰe Gèᵉn ajne kvietʰoeng
(ik zou-hebben graag een kwitantie)

Zou u altublieft voor ons een taxi kunnen roepen?
Könnten Sie uns bitte ein Taxi rufen?
kʰënt'n zie oens bitʰe ajn tʰaksi roef'n
(zou-kunnen u ons alstublieft een taxi roepen)

CONVERSATIE

⌐ Eten en drinken

café	**das Café**	das kʰafee
herberg	**der Gasthof**	deeᵉ Gasthoof
restaurant	**das Restaurant**	das rèstʰaurā̃
wegrestaurant	**die Raststätte**	die rastsjtʰètʰe

In een restaurant

Duitsers en Oostenrijkers gaan 's avonds doorgaans rond 18 uur aan tafel. In de grote steden kunt u later gaan dineren, maar elders is het moeilijker om na 20 uur nog te reserveren.

Ik zou graag een tafel voor twee personen reserveren.
Ich würde gern einen Tisch für zwei Personen reservieren.
içh vuᵉde Gèᵉn ajn'n tʰisj fuuᵉ tsvaj pʰèᵉzoon'n reezèᵉvierʾn

Op het terras, zo (wanneer) *mogelijk.*
Auf der Terrasse, wenn möglich.
auf deeᵉ tʰèrase vèn meuGliçh

We hebben niet gereserveerd.
Wir haben nicht reserviert.
vieᵉ haab'n nicht reezèᵉvieᵉt

Hebt u een tafel voor vier personen vrij?
Haben Sie einen Tisch für vier Personen frei?
haab'n zie ajn'n tʰisj fuuᵉ fieᵉ pʰèᵉzoon'n fraj

Bestellen

We zouden graag bestellen, alstublieft.
Wir würden gern bestellen, bitte.
vie^e v**u**^{e}d'n G**è**^{e}n besjt^h**è**l'n bit^{h}e

Als voorgerecht nemen we tweemaal salade.
Als Vorspeise nehmen wir zweimal Salat.
als f**oo**^{e}sjp^{h}ajze n**ee**m'n vie^e tsv**a**jmal zal**aa**t

Als hoofdgerecht zou ik liever vis hebben.
Als Hauptspeise hätte ich lieber Fisch.
als h**au**ptsjp^{h}ajze h**è**t^{h}e ich l**ie**be^e fisj
(als voorspijs zou-hebben ik liever vis)

We nemen geen nagerecht.
Wir nehmen keinen Nachtisch.
vie^e n**ee**m'n k^h**a**jn'n n**a**cht^{h}isj

Afrekenen

We zouden graag betalen, alstublieft.
Wir würden gern zahlen, bitte.
vie^e v**u**^{e}d'n G**è**^{e}n ts**aa**l'n bit^{h}e

Het was heel lekker.
Es war sehr lecker.
ès vaa^e zee^e l**è**k^{h}e^e

Problemen

Het vlees is niet gaar genoeg/is overgaar.
Das Fleisch ist nicht durch genug/ist verkocht.
das flajsj ist nicht doe^(e)ch Gen**oek**/ist fè^(e)k^(h)**o**cht
(het vlees is niet door genoeg/is verkookt)

Ik had dit niet besteld.
Ich hatte nicht das bestellt.
ich hat^(h)e nicht das besjt^(h)**è**lt

We wachten al lang.
Wir warten schon lange.
vie^(e) v**aa**^(e)t'n sjoon l**a**nge

Specialiteiten en traditionele gerechten

Varkensvlees neemt een belangrijke plaats in. Er zijn ook veel soorten *charcuterie* - **Aufschnitt** *[aufsjnit]* en allerlei *worsten* - **Würste** *[vu^(e)st^(h)e]*, natuur of gekruid, gegrild, gebraden of gekookt. Zoetekauwen zullen in een typisch café genieten van **Kaffee und Kuchen** *[k^(h)afee oent k^(h)oech'n]* - *koffie en taart*, vaak geserveerd met **Schlagsahne** *[sjl**aa**kzaane]* - *slagroom*.

Welke specialiteit raadt u me aan?
Was empfehlen Sie mir als Spezialität?
vas èmpf**ee**l'n zie mie^(e) als sjp^(h)eetsialiet^(h)**èè**t
(wat beveelt-aan u mij als specialiteit)

Vlees en bijgerechten

Eisbein *[ajsbajn]* - *"ijsbeen"*, gepekelde varkenspoot
Frikadellen *[friekʰadèl'n]* - *gehaktballetjes*
Gulasch *[Goelasj]* - *goulash,* rundvleesstoofpot met paprika, een oorspronkelijk Hongaars gerecht dat vaak in Duitsland en Oostenrijk geserveerd wordt, ook als soep, **Gulaschsuppe** *[Goelasjzoepʰe]*
Knödel *[kneud'l]* - *(aardappel)knoedels*
Maultaschen *[maultʰasj'n]*, soort ravioli's opgediend met saus of in een bouillon
Sauerbraten *[zaueᵉbraat'n]*, gesmoord en zurig rundvlees
Sauerkraut *[zaueᵉkraut]* - *zuurkool*
Schweinshachse *[sjvajnshakse]* - *varkenspoot*
Spätzle *[sjpʰètsle]* - knoedelsliertjes, eventueel met ui of met kaas als **Käsespätzle** *[kʰèèzesjpʰètsle]*
Wienerschnitzel *[vieneᵉsjnits'l]*, *gepaneerd varkens- of kalfslapje* dat meestal gegeten wordt met een lauwe *aardappelsalade* - **Kartoffelsalat** *[kʰaᵉtʰoflzalaat]*

Gebak

Apfelstrudel *[apf'lsjtroed'l]* - *appelstrudel,* gebak gevuld met appel en rozijnen, eventueel geserveerd met vanillesaus
Brezel *[breets'l]*, broodje in de vorm van een strik bestrooid met grof zout
Käsekuchen *[kʰèèzekʰoech'n]* - *kaastaart*
Lebkuchen *[leebkʰoech'n],* ontbijt-, kruiden- of peperkoek die met kerst een glazuur- of chocoladelaagje krijgt

Linzertorte *[lintseᵉtʰoᵉtʰe]* - taart uit Linz (Oostenrijk) met frambozenjam en kaneel
Sachertorte *[zacheᵉtʰoᵉtʰe]* - chocoladetaart met abrikozenjam
Schwarzwälder Kirschtorte *[sjvaᵉtsvéldeᵉkʰiᵉsjtʰoᵉtʰe]* - *zwartewoudkersentaart* met chocolade, kersen en slagroom
Stollen *[sjtʰol'n]* - (kerst)stol, broodje waar in het deeg specerijen, gedroogde vruchten en eventueel amandelspijs verwerkt zit
Weihnachtsplätzchen *[vajnachtsplètsch'n]* - *kerstkoekjes;* rond advents- en kersttijd vindt u een grote variëteit aan droge koekjes, die in Duitse en Oostenrijkse families traditioneel ook zelf gebakken worden.

Etenswaar

Vlees, vis en gevogelte

kipje	**das Hühnchen**	*das huunçh'n*
konijn	**das Kaninchen**	*das kʰaniench'n*
ree	**das Reh**	*das ree*
rund	**das Rind**	*das rint*
tonijn	**der Thunfisch**	*deeᵉ tʰoenfisj*
varkensvlees	**das Schweinefleisch**	*das sjvajneflajsj*
zalm	**der Lachs**	*deeᵉ laks*

Groenten en bijgerechten

aardappelen	**die Kartoffeln**	*die kʰaᵉtʰof'ln*
komkommer	**die Gurke**	*die Goeᵉkʰe*
paddenstoelen	**die Pilze**	*die pʰiltse*
pasta	**die Pasta**	*die pʰastʰa*
prei	**der Lauch**	*deeᵉ lauch*
rijst	**der Reis**	*deeᵉ rajs*

sla, salade	**der Salat**	*dee^e zalaat*
tomaten	**die Tomaten**	*die t^{h}omaat'n*
wortelen	**die Karotten**	*die k^{h}arot'n*

Fruit

aardbeien	**die Erdbeeren**	*die ee^{e}tbeer'n*
appel(s)	**der Apfel (Äpfel)**	*dee^e apf'l (èpf'l)*
banaan (-en)	**die Banane(n)**	*die banaane(n)*
citroen	**die Zitrone**	*die tsietroone*
frambozen	**die Himbeeren**	*die himbeer'n*
kersen	**die Kirschen**	*die k^{h}i^{e}sj'n*
peer (-en)	**die Birne(n)**	*die bi^{e}ne(n)*
sinaasappel(s)	**die Orange(n)**	*die oranzje(n)*

En verder

chocolade	**die Schokolade**	*die sjook^{h}oolaade*
gebak	**der Kuchen**	*dee^e k^{h}oech'n*
ijs	**das Eis**	*das ajs*
kaas	**der Käse**	*dee^e k^{h}èèze*
kwark	**der Quark**	*dee^e kva^{e}k*
mosterd	**der Senf**	*dee^e zènf*
olie/azijn	**das Öl/der Essig**	*das eul/dee^e èsiçh*
peper/zout	**der Pfeffer/das Salz**	*dee^e pfèfe^e/das salts*

Snacks

Veel termen voor fastfood zijn in het Duits en in het Nederlands vergelijkbaar, bijv.: **Hamburger** *[hamboe^{e}G^e]*, **Hotdog** *[hotdok]*, **Ketchup** *[k^{h}ètsjep]*,...

belegd broodje	das belegte Brötchen	das beleeGt ͪ e breutçh'n
braadworst	die Bratwurst	die braatvoeᵉst
currywurst, frikandel	die Currywurst	die kʰërievoeᵉst
frieten, patat	die Pommes frites	die pʰom frits
pizza	die Pizza	die pʰietsa
snack	der Imbiss	deeᵉ imbis

Bereidingswijzen en sauzen

gebraden	gebraten	Gebraat'n
gefrituurd	frittiert	fritʰieᵉt
gegratineerd	überbacken	uubeᵉbak'n
gegrild	gegrillt	GeGrilt
gekruid	gewürzt	Gevuᵉtst
gerookt	geräuchert	Gerojçheᵉt
gestoomd	gedünstet	Gedunstʰet
goed doorbakken	gut durch	Goet doeᵉçh
medium, à point, half doorbakken	medium	miedioem
rauw	roh	roo
saignant, weinig doorbakken	englisch	ènglisj
scherp, pikant	scharf	sjaᵉf
zoet-zuur	süß-sauer	zuus-zaueᵉ

saus	die Soße	die zoose
chocoladesaus	die Schokoladensoße	die sjookʰoolaad'nzoose
citroensaus	die Zitronensoße	die tsietroon'nzoose
knoflooksaus	die Knoblauchsoße	die knooplauchzoose
rodewijnsaus	die Rotweinsoße	die rootvajnzoose
roomsaus	die Rahmsoße	die raamzoose
tomatensaus	die Tomatensoße	die tʰomaat'nzoose
vanillesaus	die Vanillesoße	die vanilezoose
wittewijnsaus	die Weißweinsoße	die vajsvajnzoose

Drank

Hier kunt u terecht voor een drankje (en eventueel ook een hapje):

bar	**die Bar**	*die baaᵉ*
biercafé/ "biertuin"	**die Bierstube/ der Biergarten**	*die bieᵉsjtʰoebe/ deeᵉ bieᵉGaᵉtʼn*
café, kroeg	**die Kneipe**	*die knajpʰe*
wijnbar/ wijnkelder	**die Weinstube/ der Weinkeller**	*die vajnsjtʰoebe/ deeᵉ vajnkʰèleᵉ*

Zou u ons alstublieft de drankenkaart kunnen brengen?
Könnten Sie uns bitte die Getränkekarte bringen?
kʰëntʼn zie oens bitʰe die Getrènkʰekʰaᵉtʰe bringʼn
(zou-kunnen u ons alstublieft de drankenkaart brengen)

Alcoholische dranken

Gezien het uitgebreide bieraanbod vindt u ongetwijfeld uw gading: hoprijke **Pils** *[pʰils]*; blond tarwebier, **das Weizenbier** *[das vajtsʼnbieᵉ]*, geschonken in glazen van 50 cl; lichtere bieren zoals **das Alt** *[das alt]* of **das Kölsch** *[das kʰëlsj]*,...

Bieren kunt u proeven in een **Bierstube** of in een **Biergarten**, en uiteraard tijdens het *"Oktoberfeest"* - **Oktoberfest** *[okʰtʰoobeᵉfèst]* dat oorspronkelijk georganiseerd werd op 17 oktober 1810, ter gelegenheid van het huwelijk van de toekomstige koning, Lodewijk I van Beieren. In tegenstelling tot wat de naam laat vermoeden, wordt het bierfeest tegenwoordig vooral in september gehouden, daar het afloopt het eerste weekend van oktober.

Schorle *[sjoᵉle]* is een mixdrankje, gemengd met mineraalwater, limonade of vruchtensap; het bestaat in verschillende variëteiten waarvan **Weißweinschorle** *[vajsvajnsjoᵉle]*, op basis van witte wijn, en **Apfelschorle** *[apf'lsjoᵉle]*, met appelsap, de meest bekende zijn.

bier	**das Bier**	*das bieᵉ*
- van het vat	**- vom Fass**	*- fom fas*
schnaps	**der Schnaps**	*deeᵉ sjnaps*
schuimwijn	**der Sekt**	*deeᵉ zèkt*
rode wijn	**der Rotwein**	*deeᵉ **roo**tvajn*
rosé	**der Rosé**	*deeᵉ roo**zee***
witte wijn	**der Weißwein**	*deeᵉ **vaj**svajn*
wrang	**herb**	*hèᵃp*
zacht	**lieblich**	*lieblich̩*

Alcoholvrije dranken

Wilt u ergens koffie drinken, dan krijgt u dikwijls de keuze tussen:
eine Tasse *[tʰase]* - *een kopje* of
ein Kännchen Kaffee *[kʰènçh'n kʰafee]* - *een kannetje koffie*.

cola	**die Cola**	*die kʰ**oo**la*
kruidenthee	**der Kräutertee**	*deeᵉ kr**oj**tʰeᵉtʰee*
limonade	**die Limonade**	*die liemon**aa**de*
sinaasappel-/ appel-/druivensap	**der Orangen-/ Apfel-/Traubensaft**	*deeᵉ or**a**nzj'n-/ apf'l-/ tr**au**b'nzaft*
thee	**der Tee**	*deeᵉ tʰee*
warme chocolademelk (met slagroom)	**die heiße Schokolade (mit Schlagsahne)**	*die hajse sjookʰool**aa**de (mit sjl**aa**kzaane)*
water	**das Wasser**	*das vaseᵉ*
- met/zonder koolzuur	**- mit/ohne Kohlensäure**	*- mit/**oo**ne kʰ**oo**l'nzojre*

Een paar specialiteiten

Buttermilch *[boet^{h}e^{e}milçh]* - *boter- of karnemelk*
ein Radler *[raatle^e]*, een mix van bier en limonade
ein Spezi *[sjp^{h}eetsi]*, een mix van cola en limonade.

Wat wenst u te drinken?
Was wünschen Sie zum Trinken?
vas vunsj'n zie tsoem trink'n
(wat wenst u voor-het drinken)

We willen graag een limonade en een kopje koffie.
Wir hätten gern eine Limonade und eine Tasse Kaffee.
vie^e hèt'n Gè^{e}n ajne liemonaade oent ajne t^{h}ase k^{h}afee
(we zouden-hebben graag een limonade en een kopje koffie)

↗ Winkelen en souvenirs

Winkels en diensten

De openingstijden van winkels kunnen van streek tot streek wat verschillen. Doorgaans gaan kleine handelszaken open tussen 8.30 en 9u, nemen ze een middagpauze van 12.30 of 13u tot 14 of 14.30u en sluiten om 18.30u. Grotere zaken en winkelcentra zijn open van 9 of 9.30u tot 20u van maandag tot vrijdag en tot 16 of 17u op zaterdag. Bakkerijen mogen wettelijk al vanaf 5.30u hun deuren openen.

bakkerij	die Bäckerei	die bèkʰeraj
bank	die Bank	die bank
banketbakkerij	die Konditorei	die kʰondietʰoraj
bloemenwinkel	das Blumengeschäft	das bloem'nGesjèft
boekhandel	die Buchhandlung	die boech-handloeng
kantoorboekhandel (schrijfgereiwinkel)	das Schreibwarengeschäft	das sjrajbvaar'nGesjèft
kapper	der Friseur	deeᵉ friezeuᵉ
kiosk	der Kiosk	deeᵉ kʰieosk
markt	der Markt	deeᵉ maᵉkt
modewinkel	das Modegeschäft	das moodeGesjèft
muziekwinkel	das Musikgeschäft	das moeziekGesjèft
opticien	der Optiker	deeᵉ optʰikʰeᵉ
parfumerie	die Parfumerie	die pʰaᵉfumerie
reisbureau	das Reisebüro	das rajzeburoo
schoenmaker	der Schuster	deeᵉ sjoestʰeᵉ
schoenwinkel	das Schuhgeschäft	das sjoeGesjèft
slagerij	die Fleischerei, Metzgerei	die flajsjeraj, mètsGeraj
souvenirwinkel	das Souvenirgeschäft	das soevenieᵉGesjèft
speelgoedwinkel	das Spielwarengeschäft	das sjpʰielvaar'nGesjèft
sportwinkel	das Sportgeschäft	das sjpʰoᵉtGesjèft
stomerij	die Reinigung	die rajnieGoeng
supermarkt	der Supermarkt	deeᵉ zoepʰeᵉmaᵉkt
wassalon	der Waschsalon	deeᵉ vasjzalõ
winkelcentrum	das Einkaufszentrum	das ajnkʰaufstsèntroem

Zou u iets... hebben?	Hätten Sie etwas...?	hèt'n zie ètvas
goedkopers	**Billigeres**	b*i*liGeres
groters	**Größeres**	Gr*eu*seres
klassiekers	**Klassischeres**	kl*a*sisjeres
kleiners	**Kleineres**	kl*aj*neres
moderners	**Moderneres**	mood*è*ᵉneres

Ik kijk alleen wat rond.
Ich schaue mich nur um.
içh sjaue miçh noeᵉ oem
(ik kijk me alleen om)

Dit is niet wat ik zoek.
Das ist nicht, das was ich suche.
das ist niçht das vas içh zoeche
(dat/dit is niet dat wat ik zoek)

Nee bedankt, dat was het.
Nein danke, das wär's.
najn danke das vèèr's
(nee bedankt dat/dit was't)

Kan ik met een kredietkaart betalen?
Kann ich mit Kreditkarte bezahlen?
kʰan içh mit kreeditkʰaᵉtʰe betsaal'n
(kan ik met kredietkaart betalen)

Hoeveel kost dat?
Wie viel kostet das?
vie fiel kʰostʰet das
(hoe veel kost dat/dit)

Dit neem ik.
Das nehme ich.
das neeme içh
(dat/dit neem ik)

CONVERSATIE

Boeken, tijdschriften, kranten en papierwaren

Ik zou graag... willen.	Ich hätte gern...	içh hèt^{h}e Gè^{e}n
enveloppen	Briefumschläge.	briefoemsjlèèGe
kaartjes (post-, brief-)	Postkarten.	p^{h}ostk^{h}a^{e}t'n
kleurstiften	Buntstifte.	boentsjt^{h}ift^{h}e
een krant	eine Zeitung.	ajne tsajt^{h}oeng
lijm	Kleber.	kleebe^e
(een) potlood (-en)	einen Bleistift(e).	ajn'n blajsjt^{h}ift(e)
schrijfpapier (een blok)	einen Papierblock.	ajn'n p^{h}ap^{h}ie^{e}blok
een tijdschrift	eine Zeitschrift.	ajne tsajtsjrift
een woordenboek Duits-Nederlands	ein Wörterbuch Deutsch-Niederländisch.	ajn vè^{e}t^{h}e^{e}boech dojtsj-niede^{e}lèndisj
een zakwoordenboek	ein Taschen-wörterbuch.	ajn t^{h}asj'nvè^{e}t^{h}e^{e}boech

Muziek

Duitsland en Oostenrijk staan bekend om hun klassieke muziek, maar hebben ook andere muziekgenres:

jazz	Jazz	dzjèz
klassieke muziek	klassische Musik	klasisje moeziek
liederen	Lieder	liede^e
pop/rock	Pop/Rock	p^{h}op/rok
schlagermuziek	Schlagermusik	sjlaaGe^{e}moeziek
techno	Techno	t^{h}èknoo
volksmuziek	Volksmusik	folksmoeziek

Kent u een platenwinkel?
Kennen Sie ein Plattengeschäft?
k^{h}èn'n zie ajn plat'nGesjèft

Ik zou graag een cd hebben van...
Ich hätte gern eine CD von...
içh hèt^{h}e Gè^{e}n ajne tseedee fon
(ik zou-hebben graag een cd van)

Wasserij en stomerij

Dit is...	Das ist...	das ist
om te reinigen.	zum Reinigen.	tsoem rajniG'n
om te strijken.	zum Bügeln.	tsoem buuG'ln
om te wassen.	zum Waschen.	tsoem vasj'n

Tegen wanneer kunt u het klaar hebben?
Für wann können Sie es machen?
fuu^e van k^hën'n zie ès mach'n
(voor wanneer kunt u het doen)

Kan men deze vlekken verwijderen?
Kann man diese Flecken entfernen?
k^han man dieze flèk'n èntfè^en'n

Kleren en schoenen

Let erop dat Duitse of Oostenrijkse kledingmaten overeenkomen met de Nederlandse, maar dat bijv. hun 38 groter uitvalt dan een Franse 38 en veel groter is dan een Italiaanse of Spaanse 38.

Ik zou graag iets in die aard hebben, alstublieft.
Ich hätte gern etwas in der Art, bitte.
içh hèt^he Gè^en ètvas in dee^e a^et bit^he
(ik zou-hebben graag iets in de aard alstublieft)

Ik heb maat 38.
Ich habe Größe 38.
içh haabe Greuse 38
(ik heb grootte 38)

CONVERSATIE

Mag ik het passen?
Kann ich es anprobieren?
kʰan içh ès **a**nprobier'n
(kan/mag ik het aanproberen)

Waar is het pashokje?
Wo ist die Umkleidekabine?
voo ist die **oe**mklajdekʰabiene
(waar is de omkleedcabine)

Ik zou een maat groter/kleiner willen.
Ich möchte eine Größe drüber/drunter.
içh mëchtʰe ajne Gr**eu**se dr**uu**beᵉ/dr**oent**ʰeᵉ
(ik zou-willen een grootte erboven/eronder)

Kledij en accessoires

badpak	der Badeanzug	deeᵉ b**aa**deantsoek
beha	der Büstenhalter	deeᵉ bust'nhaltʰeᵉ
bloes	die Bluse	die bl**oe**ze
broek	die Hose	die h**oo**ze
das	die Kravatte	die kravatʰe
handschoenen	die Handschuhe	die hantsjoe-e
handtas	die Handtasche	die hanttʰasje
hemd	das Hemd	das hèmt
hoed	der Hut	deeᵉ hoet
jurk, kleed	das Kleid	das klajt
kniekousen	die Kniestrümpfe	die kn**ie**sjtrumpfe
knopen	die Knöpfe	die knëpfe
mantel	der Mantel	deeᵉ mant'l
muts	die Mütze	die mutse
nachthemd	das Nachthemd	das nachthèmt
ochtendjas	der Morgenmantel	deeᵉ moᵉG'nmant'l
onderbroek, slip	die Unterhose	die **oe**ntʰeᵉhooze
pak	der Anzug	deeᵉ antsoek
panty	die Strumpfhose	die sjtroempfhooze
pet	die Kappe	die kʰapʰe

portemonnee	**der Geldbeutel**	dee^e G**è**ltbeut'l
pull(over)	**der Pulli**	dee^e pʰ**oe**li
pyjama	**der Schlafanzug**	dee^e sjl**aa**fantsoek
regenmantel	**der Regenmantel**	dee^e **ree**G'nmant'l
riem, ceintuur	**der Gürtel**	dee^e G**u**^et'l
rok	**der Rock**	dee^e rok
short	**die Shorts**	die sjo^ets
sjaal	**der Schal**	dee^e sjaal
trainingspak	**der Trainingsanzug**	dee^e tr**ee**ningsantsoek

Schoenen

laarsjes	**die Stiefeletten**	die sjtʰiefel**è**t'n
laarzen (gummi-)	**die Stiefel (Gummi-)**	die sjtʰief'l (**Goe**mi-)
pantoffels	**die Hausschuhe**	die h**au**ssjoe-e
sandalen	**die Sandalen**	die zand**aa**l'n
schoenen	**die Schuhe**	die sj**oe**e
slippers	**die Schläppchen**	die sjl**è**pçh'n

Ik zou dit paar schoenen graag willen passen.
Ich würde gern dieses Paar Schuhe anprobieren.
içh v**u**^ede G**è**^en d**ie**zes pʰ**aa**^e sj**oe**e **a**nprobier'n
(ik zou-willen graag dit paar schoenen aanproberen)

Ze zijn te eng/breed.
Die sind zu eng/breit.
die zint tsoe **è**ng/brajt

Het is een beetje groot/klein.
Es ist ein bisschen groß/klein.
ès ist ajn b**i**sçh'n Groos/klajn

In welke kleur?
In welcher Farbe?
in v**è**lçhe^e f**aa**^ebe

Kleuren

beige	beige	beezje
blauw/donkerblauw	blau/dunkelblau	blau/d**oe**nk'lblau
bruin	braun	braun
effen/gestreept	einfarbig/gestreift	ajnfa*e*biç/Gesjtrajft
geel	gelb	Gèlb
groen	grün	Gruun
licht/donker	hell/dunkel	hèl/d**oe**nk'l
lila	lila	liela
rood	rot	root
roze	rosa	rooza
wit	weiß	vajs
zwart	schwarz	sjva*e*ts

Bij de schoenmaker

Ik zoek een schoenmaker. **Ich suche einen Schuster.** içh z**oe**che ajn'n sj**oe**st*h*e*e*

Kunt u het repareren? **Können Sie es reparieren?** k*h*ën'n zie ès reep*h*arier'n

Roken

In Oostenrijk zijn er tabakswinkels, maar in Duitsland verloopt de verkoop van tabakswaren via supermarkten, kiosken, tankstations en sigarettenautomaten.

aansteker	das Feuerzeug	das foje*e*tsojk
met/zonder filter	mit/ohne Filter	mit/**oo**ne filt*h*e*e*
pak	die Schachtel	die sjacht'l
sigaar (-en)	die Zigare(n)	die tsiG**aa**re(n)
sigaret(ten)	die Zigarette(n)	die tsiGarèt*h*e(n)

tabak	**der Tabak**	*dee^e t^habak*
tabakswinkel	**der Tabakladen**	*dee^e t^habaklaad'n*

Waar kan ik sigaretten kopen?
Wo kann ich Zigaretten kaufen?
voo k^han ich tsiGarèt'n k^hauf'n

Heb je vuur?
Hast du Feuer?
hast doe foje^e

Verboden te roken!
Rauchen verboten!
rauch'n fè^eboot'n
(roken verboden)

Fotograferen

afdruk(ken)	**der Abzug (Abzüge)**	*dee^e aptsoek (aptsuuGe)*
batterij	**die Batterie**	*die bat^herie*
digitale camera	**die Digitalkamera**	*die dieGiet^haalk^hameera*
film	**der Film**	*dee^e film*
flits	**der Blitz**	*dee^e blits*
formaat	**das Format**	*das fo^emaat*
foto('s)	**das Foto(s)**	*das foot^hoo(s)*
fototoestel	**der Fotoapparat**	*dee^e foot^hooap^haraat*
geheugenkaart	**die Speicherkarte**	*die sjp^hajche^ek^ha^et^he*
hoogglans/mat	**Hochglanz/matt**	*hoochGlants/mat*
negatief	**das Negativ**	*das neeGat^hief*
opname(s)	**die Aufnahme(n)**	*die aufnaame(n)*

Hoeveel kost het om te ontwikkelen?
Wie viel kostet es zum Entwickeln?
vie fiel k^host^het ès tsoem èntvik'l'n
(hoe veel kost het voor-het ontwikkelen)

CONVERSATIE

Hoeveel tijd hebt u daarvoor nodig?
Wie lange brauchen Sie dafür?
vie lange br*auch*'n zie daf*uu*ᵉ
(hoe lang hebt-nodig u daarvoor)

Ik zou kleurenfoto's/zwart-witfoto's willen.
Ich möchte Farbfotos/Schwarzweißfotos.
içh mëçhtʰe faᵉbfootʰoos/sjvaᵉtsvajsfootʰoos

Boodschappen doen

In de supermakt, op zoek naar een product of een afdeling, kunnen de volgende zinnetjes nuttig zijn:

Sorry, waar is de afdeling…
Entschuldigung, wo ist die Abteilung…
èntsj*oe*ldiGoeng voo ist die *a*btʰajloeng

Zijn er kleinere/grotere verpakkingen?
Gibt es kleinere/größere Packungen?
Gibt ès kl*a*jnere/Gr*eu*sere pʰ*a*kʰoeng'n

Hebt u kleine flessen?
Haben Sie kleine Flaschen?
h*aa*b'n zie kl*a*jne fl*a*sj'n

Ik wil graag een pond/een kilo…
Ich hätte gern ein Pfund/ein Kilo…
içh hètʰe Gèᵉn ajn pfoent/ajn kʰ*ie*loo

Toiletartikelen

borstel	**die Bürste**	*die bu^est^he*
gezichtscrème	**die Gesichtscreme**	*die Gezichtskreeme*
gezichtslotion	**das Gesichtswasser**	*das Gezichtsvase^e*
haarelastiekjes/ haarspelden	**die Haargummis/ Haarspangen**	*die haa^eGoemies/ haa^esjp^hang'n*
hand-/voetcrème	**die Hand-/Fußcreme**	*die hand-/foeskreeme*
kam	**der Kamm**	*dee^e k^ham*
maandverband/ tampons	**die Binden/ Tampons**	*die bind'n/ t^hamp^hōs*
make-up	**die Schminke**	*die sjmienk^he*
nagelborstel	**die Nagelbürste**	*die naaG'lbu^est^he*
nagellakoplosmiddel	**der Nagellackentferner**	*dee^e naaG'llakèntfé^ene^e*
nagelschaar	**die Nagelschere**	*die naaG'lsjeere*
nagelvijl	**die Nagelfeile**	*die naaG'lfajle*
papieren zakdoekjes	**die Papiertaschen- tücher**	*die p^hap^hie^et^hasj'n- t^huuche^e*
pincet	**die Pinzette**	*die p^hintsèt^he*
reinigingsmelk	**die Gesichtsmilch**	*die Gezichtsmilch*
scheerlotion	**das Rasierwasser**	*das razie^evase^e*
scheermesjes	**die Rasierklingen**	*die razie^ekling'n*
scheerschuim	**der Rasierschaum**	*dee^e razie^esjaum*
shampoo	**das Shampoo**	*das sjamp^hoe*
tandenborstel	**die Zahnbürste**	*die tsaanbu^est^he*
tandpasta	**die Zahnpasta**	*die tsaanp^hasta*
toiletpapier	**das Klopapier**	*das kloop^hap^hie^e*
watten	**die Watte**	*die vat^he*
zeep	**die Seife**	*die zajfe*
zonnecrème	**die Sonnencreme**	*die zon'nkreeme*

CONVERSATIE

Onderhouds- en andere producten

alufolie	die Alufolie	die **aa**loefoolje
bezem	der Besen	dee^e b**ee**z'n
kaars(en)	die Kerze(n)	die k^h**è**^etse(n)
lucifers	die Streichhölzer	die sjtraj҅chheultse^e
papieren servetten	die Papierservietten	die p^hap^h**ie**^ezë^evjèt'n
spoelmiddel	das Spülmittel	das sjp^h**uu**lmit'l
spons	der Schwamm	dee^e sjvam
waspoeder	das Waschpulver	das v**a**sjp^hoelve^e

Souvenirs

Typische souvenirs die u kunt meebrengen:

borduurwerk	die Stickerei	die sjt^h**ik**^heraj
dirndljurk	das Dirndelkleid	das di^end'lklajt
koekoeksklok	die Kuckucksuhr	die k^h**oek**^hoeksoe^e
lederhose (leren korte broek)	die Lederhose	die **lee**de^ehooze
loden mantel/loden jasje	der Lodenmantel/ die Lodenjacke	dee^e **loo**d'nmant'l/ die **loo**d'njak^he
porselein	das Porzelan	das p^ho^etsel**aa**n
speelgoed	die Spielwaren	die sjp^h**ie**lvaar'n
staande klok	die Standuhr	die sjt^handoe^e

Wie voor schoeisel meer belang hecht aan comfort dan aan esthetiek, moet zeker een paar **Birkenstocks** aanpassen.

↗ **Professionele situaties**
Een afspraak regelen

Kunnen we een afspraak regelen?
Können wir einen Termin festlegen?
kʰën'n vieᵉ ajn'n tʰëᵉmien fèstleeG'n
(kunnen we een afspraak vastleggen)

Ik zou graag een afspraak hebben met mevrouw Schmitt.
Ich hätte gern einen Termin mit Frau Schmitt.
içh hètʰe Gèᵉn ajn'n tʰëᵉmien mit frau sjmit
(ik zou-hebben graag een afspraak met vrouw Schmitt)

Maandag 10 uur kan ik helaas niet.
Montag zehn Uhr kann ich leider nicht.
moontʰaak tseen oeᵉ kʰan içh lajdeᵉ niçht

Is een beetje later/vroeger mogelijk?
Ist es möglich ein bisschen später/früher?
ist ès meuGliçh ajn bisçh'n sjpʰèètʰeᵉ/fruueᵉ
(is het mogelijk een beetje later/vroeger)

11 uur is perfect.
11 Uhr ist perfekt.
èlf oeᵉ ist pʰèᵉfèkt

Kan ik u onze afspraak vanmiddag bevestigen?
Kann ich Ihnen unseren Termin heute Nachmittag bestätigen?
kʰan içh ien'n oenzer'n tʰëᵉmien hojtʰe nachmitʰaak besjtʰètʰiG'n
(kan ik u onze afspraak heden namiddag bevestigen)

CONVERSATIE

Helaas moet ik de afspraak afzeggen/verplaatsen.
Leider muss ich den Termin absagen/verschieben.
lajdeᵉ moes içh deen tʰèᵉmien apzaaG'n/fèᵉsjiebʼn
(helaas moet ik de afspraak afzeggen/verschuiven)

Het bedrijf

bedrijf - moederbedrijf/ dochterbedrijf	**die Gesellschaft** **- Muttergesellschaft/** **Tochtergesellschaft**	die Gezèlsjaft - moetʰeᵉGezèlsjaft/ tʰochtʰeᵉGezèlsjaft
fabriek	**die Fabrik**	die fabrik
firma	**die Firma**	die fieᵉma
onderneming	**das Unternehmen**	das oentʰeᵉneemʼn
afdeling(en) - boekhouding - financiën - import/export - informatica - marketing - ontwikkeling - productie	**die Abteilung(en)** **- Buchhaltung** **- Finanzen** **- Import/Export** **- Informatik** **- Marketing** **- Entwicklung** **- Produktion**	die abtʰajloeng('n) - boech-haltʰoeng - fienantsʼn - impʰoᵉt/ekspʰoᵉt - infoᵉmaatʰik - maᵉkʰetʰing - èntvieckloeng - prodoektsioon
afdelingshoofd	**der Abteilungsleiter**	deeᵉ abtʰajloengslajtʰeᵉ
assistent(e)	**der (die) Assistent(in)**	deeᵉ (die) asistʰènt(in)
bedrijfsleider	**der Geschäftsleiter**	deeᵉ Gesjèftslajtʰeᵉ
inkoper(s)	**der Einkäufer(-)**	deeᵉ ajnkʰojfeᵉ(-)
klant(en)	**der Kunde(n)**	deeᵉ kʰoende(n)
technicus (-ci)	**der Techniker(-)**	deeᵉ tʰèchnikʰeᵉ
verkoper(s)	**der Verkäufer(-)**	deeᵉ fèᵉkhojfeᵉ
werknemer(s)	**der Angestellte(n)**	deeᵉ anGesjtʰèltʰe(n)

Professioneel taalgebruik

We hebben... gerealiseerd.	Wir haben... gemacht.	vie^e haab'n... Gemacht
een omzet van...	einen Umsatz von...	ajn'n **oe**mzats fon
een verlies van...	einen Verlust von...	ajn'n fè^e**loe**st fon
een winst van...	einen Gewinn von...	ajn'n Ge**vin** fon

We produceren gemiddeld vijf machines per maand.
Wir produzieren im Schnitt fünf Maschinen pro Monat.
vie^e prodoetsier'n im sjnit funf masjien'n proo moonaat
(we produceren in-de snee vijf machines per maand)

De productie is met 10 % gestegen/gedaald.
Die Produktion ist um zehn Prozent gestiegen/gesunken.
die prodoektsioon ist oem tseen protsènt Gesjt^hieG'n/Gezoenk'n
(de productie is om tien procent gestegen/gezonken)

De goederen moeten deze week geleverd worden.
Die Ware muß diese Woche geliefert werden.
die vaare moes dieze voche Geliefe^et vee^ed'n
(de waar moet deze week geleverd worden)

De klant heeft de levering niet ontvangen.
Der Kunde hat die Lieferung nicht bekommen.
dee^e k^hoende hat die lieferoeng niçnt bek^hom'n
(de klant heeft de levering niet bekomen)

CONVERSATIE

De firma exporteert haar producten in heel Europa.
Die Firma exportiert ihre Produkte in ganz Europa.
*die fi**e**rma èksp^{h}o^{e}t^{h}ie^{e}t ie**r**e prod**oe**kt^{h}e in Gants ojr**oo**p^{h}a*

We importeren veel uit Brazilië.
Wir importieren viel aus Brasilien.
*vi**e**^{e} imp^{h}o^{e}t^{h}ie**r**'n fiel aus brazi**e**ljen*

Kantoormateriaal

bureau (meubel)	**der Schreibtisch**	*dee^e sjr**aj**bt^{h}isj*
fax(toestel)	**das Faxgerät**	*das faksGerèèt*
kast	**der Schrank**	*dee^e sjrank*
koffiemachine	**die Kaffeemaschine**	*die k^h**a**feemasjiene*
papier	**das Papier**	*das p^{h}ap^{h}ie^e*
stoel	**der Stuhl**	*dee^e sjt^{h}oel*

Informatica

at	**at**	*èt*
beeldscherm	**der Bildschirm**	*dee^e biltsji^{e}m*
bestand	**die Datei**	*die dat^h**aj***
computer	**der Computer**	*dee^e k^{h}ompj**oe**t^{h}e^e*
document	**das Dokument**	*das dok^{h}oem**è**nt*
e-mailadres	**die E-mail-Adresse**	*die ie**meejl adrèsse*
informatica	**die Informatik**	*die info^{e}m**aa**t^{h}ik*
internet	**Internet**	*int^{h}è^{e}nèt*
koppelteken	**der Bindestrich**	*dee^e bindesjtri**ç***

laptop	der Laptop	dee̊ lèpt ͪop
mail	die Mail	die meejl
mailbox	die Mailbox	die meejlboks
mousepad	die Mauspad	die mausp ͪèt
muis	die Maus	die maus
pas-, wachtwoord	das Kennwort	das k ͪènvo ͤt
pc	der PC	dee̊ p ͪeetsee
printer	der Drucker	dee̊ droek ͪe ͤ
programma('s)	das Programm(e)	das proGram(e)
punt	der Punkt	dee̊ p ͪoenkt
toetsenbord	das Keybord	das k ͪiebo ͤt
verbinding	die Verbindung	die fè ͤbíndoeng
website	die Website	die wèpsajt

Beurzen, salons en expo's

De jaarbeurs van Leipzig, voor het eerst georganiseerd in 1165, is de oudste ter wereld en een van de belangrijkste internationale beurzen.

beurs	die Messe	die mèse
bezoekers	die Besucher	die bezoeche ͤ
catalogus	der Katalog	dee̊ k ͪat ͪalook
exposant	der Aussteller(-)	dee̊ aussjt ͪèl ͤ
hal(len)	die Halle(n)	die hale(n)
informatiestand	der Informationsstand	dee̊ info ͤmatsioonsjt ͪant
stand(s)	der Stand (Stände)	dee̊ sjt ͪant (sjt ͪènde)
tentoonstelling	die Ausstellung	die aussjt ͪèloeng

De beurs vindt van 5 tot 9 mei plaats.
Die Messe findet vom fünften bis zum neunten Mai statt.
die mèse findet fom funft'n bis tsoem nojnt'n maj sjtʰat
(de beurs vindt van-de vijfde tot aan-de negende mei plaats)

We hebben veel/weinig bestellingen.
Wir haben viele/wenige Bestellungen.
vieᵉ haab'n fiele/veeniGe besjtʰèloeng'n

⇗ Gezondheid

Bij de dokter

Is er een arts die Nederlands kent?
Gibt es einen Arzt, der Niederländisch kann?
Gibt ès ajn'n aᵉtst deeᵉ niedeᵉlèndisj kʰan
(geeft er een arts die Nederlands kan)

Wanneer heeft hij spreekuur?
Wann hat er Sprechstunde?
van hat eeᵉ sjprèchsjtʰoende

Hier doet het pijn.
Hier tut es weh.
hieᵉ tʰoet ès vee
(hier doet het pijn/wee)

Ik heb al twee dagen pijn.
Ich habe seit zwei Tagen Schmerzen.
içh haabe zajt tsvaj tʰaaG'n sjmèᵉts'n
(ik heb sinds twee dagen pijnen/smarten)

Ik ben diabeticus/hartpatiënt/zwanger.
Ich bin Diabetiker(in)/herzkrank/schwanger.
içh bin diabeet^{h}iek^{h}e^e(in)/hè^{e}tskrank/sjvange^e
(ik ben diabeticus(-ca)/hartziek/zwanger)

Op de spoed

Snel! Ik heb een dokter nodig!
Schnell! Ich brauche einen Arzt!
sjnèl içh brauche ajn'n a^{e}tst
(snel ik heb-nodig een arts)

Ik moet naar de spoed!
Ich muss zur Notaufnahme!
içh moes tsoe^e nootaufnaame
(ik moet naar-de noodopname)

Waar is het dichtstbijzijnde ziekenhuis?
Wo ist das nächste Krankenhaus?
voo ist das nèèçhst^{h}e krank'nhaus

Dit is dringend! Ik ben gewond.
Das ist dringend! Ich bin verletzt.
das ist dring'nt içh bin fè^{e}lètst

Symptomen

Ik kan me niet bewegen.
Ich kann mich nicht bewegen.
içh k^{h}an miçh niçht beveeG'n

CONVERSATIE

Ik heb braakneigingen.
Ich möchte spucken.
içh mëçhtʰe sjpʰoekʼn
(ik zou-willen spugen)

Ik hoest veel.
Ich huste viel.
içh hoestʰe fiel

Ik bloed.
Ich blute.
içh bloetʰe

Ik ben verstopt.
Ich bin verstopft.
içh bin fëᵉsjtʰopft

Ik heb...	Ich habe...	içh haabe
buikloop.	Durchfall.	doeᵉçhfal
duizeligheidsaanvallen.	Schwindelanfälle.	sjvindʼlanfèle
koorts.	Fieber.	fiebeᵉ
koude rillingen.	Schüttelfrost.	sjutʼlfrost
krampen.	Krämpfe.	krèmpfe
stuiptrekkingen.	Konvulsionen.	kʰonvoelsioonʼn
zonnebrand.	einen Sonnenbrand.	ajnʼn zonʼnbrant

Pijn

Ik heb...	Ich habe...	içh haabe
buikpijn.	Bauchschmerzen.	bauchsjmèᵉtsʼn
hoofdpijn.	Kopfschmerzen.	kʰopfsjmèᵉtsʼn
keelpijn.	Halsschmerzen.	halssjmèᵉtsʼn
maagpijn.	Magenschmerzen.	maaGʼnsjmèᵉtsʼn
oorpijn.	Ohrenschmerzen	oorʼnsjmèᵉtsʼn
rugpijn.	Rückenschmerzen.	rukʼnsjmèᵉtsʼn

Lichaamsdelen

amandelen	die Mandeln	die mandʼln
arm(en)	der Arm(e)	deeᵉ aᵉm(e)

been (-en)	das Bein(e)	das bajn(e)
blaas	die Blase	die blaaze
blindedarm	der Blinddarm	deeᵉ blintdaᵉm
borst	die Brust	die broest
bot(ten)	der Knochen(-)	deeᵉ knoch'n(-)
buik	der Bauch	deeᵉ bauch
darm	der Darm	deeᵉ daᵉm
gewrichten	die Gelenke	die Gelènkʰe
hals, keel	der Hals	deeᵉ hals
hand(en)	die Hand (Hände)	die hant (hènde)
hart	das Herz	das hèᵉts
heup(en)	die Hüfte(n)	die huftʰe(n)
hoofd	der Kopf	deeᵉ kʰopf
huid	die Haut	die leebeᵉ *(sic)* die haut
lever	die Leber	die leebeᵉ
long(en)	die Lunge(n)	die loenge(n)
maag	der Magen	deeᵉ maaG'n
mond	der Mund	deeᵉ moent
nek	der Nacken	deeᵉ nak'n
neus	die Nase	die naaze
nieren	die Nieren	die nier'n
oog (-en)	das Auge(n)	das auGe(n)
oor (-en)	das Ohr(en)	das oor('n)
rib(ben)	die Rippe(n)	die ripʰe(n)
rug	der Rücken	deeᵉ ruk'n
schouder(s)	die Schulter(n)	die sjoeltʰeᵉ(n)
spier(en)	der Muskel(n)	deeᵉ moesk'l(n)
vinger(s)	der Finger(-)	deeᵉ fingeᵉ(-)
voet(en)	der Fuß (Füße)	deeᵉ foes (Fuuse)
wervelkolom	die Wirbelsäule	die virb'lzojle
zenuw(en)	der Nerf(en)	deeᵉ nèᵉf('n)

Bij de vrouwenarts

anticonceptie	die Verhütung	die fè*huut*oeng
baarmoeder	die Gebärmutter	die Gebèè*moet*e*
eierstok(ken)	der/die Eierstock (-stöcke)	dee*/die aje*sjt*ok (-sjt*ëk*e)
menopauze	die Wechseljahre	die vèks'ljaare
menstruatie, regels	die Regel	die reeG'l
pil	die Pille	die p*ile
vagina	die Vagina	die vaGiena
vrouwenarts	der Frauenarzt	dee* frauena*tst

Ik ben in de zesde maand.
Ich bin im sechsten Monat.
içh bin im zèkst'n moonaat
(ik ben in-de zesde maand)

Ik neem de pil.
Ich nehme die Pille.
içh neeme die p*ile

Ik heb mijn laatste regels niet gehad.
Ich habe meine letzte Regel nicht bekommen.
içh haabe majne lètst*e reeG'l niçht bek*om'n
(ik heb mijn laatste regel niet bekomen)

Medische zorgen

Het is niet erg.
Es ist nicht schlimm.
ès ist niçht sjlim

Hier is het recept/voorschrift.
Hier ist das Rezept.
hie* ist das retsèpt

U moet twee dagen in bed blijven.
Sie müssen zwei Tage im Bett liegen.
zie mus'n tsvaj t*aaGe im bèt lieG'n
(u moet twee dagen in-het bed liggen)

Ik zal u een antibioticum/medicijnen voorschrijven.
Ich werde Ihnen ein Antibiotikum/Medikamente verschreiben.
*içh vee^ede ieⁿ'n ajn ant^hibie**oot**^hiek^hoem/meediek^ham**ènt**^he fè^esjrajb'n*

U moet naar het ziekenhuis gaan.
Sie müssen ins Krankenhaus gehen.
zie mus'n ins krank'nhaus Gee'n

Diagnose

U hebt...	Sie haben...	zie haab'n
aambeien.	Hämorrhoiden.	hèmoro**ied**'n
artritis.	Arthritis.	a^e**trit**^his
astma.	Asthma.	**ast**ma
een botbreuk.	einen Knochenbruch.	ajn'n **knoch**'nbroech
een breuk.	einen Bruch.	ajn'n broech
griep.	die Grippe.	die **Grip**^he
hooikoorts.	Heuschnupfen.	**hoj**sjnoepf'n
een indigestie.	eine Magenverstimmung.	ajne **maaG**'nfè^esjt^himoeng
een infectie.	eine Infektion.	ajne infèktsi**oon**
een keelontsteking.	eine Angina.	ajne an**Gie**na
een longontsteking.	eine Lungenentzündung.	ajne **loeng**'nèntsundoeng
een maagzweer.	ein Magengeschwür.	ajn **maaG**'nGesjv**uu**^e
een ontsteking.	eine Entzündung.	ajne ènt**sun**doeng
een ontwrichting.	eine Verrenkung.	ajne fè**rènk**^hoeng
reuma.	Rheumatismus.	rojmat^h**is**moes
een spierscheur.	einen Muskelriss.	ajn'n **moesk**'lris
een stijve nek.	einen steifen Hals.	ajn'n sjt^h**ajf**'n hals
een verstuiking.	eine Verstauchung.	ajne fè^esjt^h**au**choeng
een virus.	einen Virus.	ajn'n **vie**roes
een voedselvergiftiging.	eine Lebensmittelvergiftung.	ajne **leeb**'nsmit^h'lfè^e**Gift**^hoeng
een zonnesteek.	einen Sonnenstich.	ajn'n **zon**'nsjt^hiçh

CONVERSATIE

Bij de tandarts

abces	**der Abszess**	*dee^e abstsès*
cariës	**die Karies(-)**	*die k^haarjès(-)*
kies	**der Backenzahn**	*dee^e bak'ntsaan*
tand(en)	**der Zahn (Zähne)**	*dee^e tsaan (tsèène)*
tandarts	**der Zahnarzt**	*dee^e tsaana^etst*
vulling(en)	**die Plombe(n)**	*die plombe(n)*

Waar kan ik een tandarts vinden?
Wo kann ich einen Zahnarzt finden?
voo k^han ich ajn'n tsaana^etst find'n

Deze tand doet me pijn.
Dieser Zahn tut mir weh.
dieze^e tsaan toet mie^e vee

Ik heb een vulling (plombeersel) *verloren.*
Ich habe eine Plombe verloren.
ich haabe ajne plombe fè^eloor'n

Bij de opticien

bril (zonne-)	**die Brille (Sonnen-)**	*die brile (zon'n-)*
contactlenzen - harde/zachte	**die Kontaktlinsen** **- harte/weiche**	*die k^hont^haktlinz'n* *- ha^et^he/vajche*
glas (glazen)	**das Glas (Gläser)**	*das Glaas (Glèèze^e)*

Ik heb contactlenzen nodig.
Ich brauche Kontaktlinsen.
ich brauche k^hont^haktlinz'n
(ik heb-nodig contactlenzen)

Mijn bril is stuk.
Meine Brille ist kaputt.
majne brile ist k^hap^hoet

In de apotheek

Ik zoek een apotheek.
Ich suche eine Apotheke.
*içh z**oe**che **a**jne ap^(h)oot^(h)**eek**^(h)e*

Ik zou graag... willen.	Ich hätte gern...	içh hèt^(h)e Gè^(e)n
(antiseptische) zalf	eine (antiseptische) Salbe.	**a**jne (ant^(h)iz**è**pt^(h)isje) z**a**lbe
aspirine	Aspirin.	asp^(h)ir**ie**n
jodium	Jod.	joot
kalmeringsmiddel	ein Beruhigungsmittel.	ajn ber**oei**Goengsmit'l
keelpastilles	Halstabletten.	halst^(h)ablèt'n
koortsthermometer	ein Fieberthermometer.	ajn f**ie**be^(e)t^(h)è^(e)moomeet^(h)e^(e)
laxeermiddel	ein Abführmittel.	ajn abfuu^(e)mit'l
mondspoelmiddel	eine Mundspülung.	**a**jne m**oe**ntsjp^(h)uuloeng
neus-/oor-/oogdruppels	Nasen-/Ohren-/Augentropfen.	n**aa**z'n-/**oo**r'n-/**au**G'ntropf'n
ontsmettingsmiddel	ein Desinfektionsmittel.	ajn deezinfèktsi**oo**nsmit'l
pleisters	Pflaster.	pflast^(h)e^(e)
reispillen	Reisetabletten.	rajzet^(h)ablèt'n
slaaptabletten	Schlaftabletten.	sjl**aa**ft^(h)ablèt'n
verband	einen Verband.	**a**jnen fè^(e)bant
watten	Watte.	vat^(h)e
zetpillen	Zäpfchen.	ts**è**pfçh'n

CONVERSATIE

Thematische index

A
Aanspreekvormen **57-58**
Afspraken **77-78**
Afspraken (professioneel) **143-144**
Akfortingen **86-87**
Akkoord of niet **59**
Ambassade/consulaat **107**
Apotheek **155**
Auto-onderdelen **96-97**
Autoproblemen **95-96**
Autorijden **94-95**
Autoverhuur **93**

B
Bank **108**
Bedrijf (afdelingen, personeel,...) **144**
Bedrijftermen **144-146**
Begroetingen **57**; **62**
Bergen **110**
Beroep **70-72**
Beurzen, salons, expo's,... **147-148**
Bier **129**
Bioscoop **102**
Bloemen **114**
Boekhandel **134**
Bomen **114**
Boodschappen **140-142**
Boot **92-93**
Borden **86**; **97**
Brieven en kaarten **103-104**

Burgerlijke staat **67**
Bus **100**

D
Dagen **80-82**
Dagindeling **82**
Datum **80-81**
Diefstal **107**
Dieren (huis- en boerderij-) **114-115**
Dieren (in de natuur) **114-116**
Dokter (diagnose) **153**
Doktersbezoek **148-153**
Douane **87**
Drank **129-131**

E
Eten (bereidingen en sauzen) **128**
Eten (specialiteiten en traditionele gerechten) **124-126**
Etenswaar **126-127**

F
Familieleden **67-69**
Fastfood **127-128**
Feestdagen **58**; **83-84**
Foto **139-140**

G
Geld **108**
Gevoelens **75**

Gezinstoestand **67-68**
Gezondheid **149-155**
Gezondheid (bij vrouwen) **152**

H
Hotel (ontbijt) **118-120**
Hotelkamer **117**
Hotel (problemen in de kamer) **120-121**
Hotel (receptie) **118**
Hotelrekening **121**
Hotel (reserveren) **117-118**
Hotelservice **118-119**
Hulp **84-85; 149**

I
Informatica **146-147**
Insecten **116**
Internet **106-107**

K
Kamperen **112-113**
Kantoormateriaal **146**
Kapper **109**
Kinderen **68**
Kledij en accessoires **136-137**
Kledij passen **135-136**
Kleuren **138**

L
Landen **64-66**
Leeftijd **66-67**
Lichaamsdelen **150-152**
Liefde **77-78**

M
Maanden **81**
Medische zorgen **152-153**
Meningen **75**
Metro **100**
Musea **100-101**
Muziek **102; 134**

N
Nationaliteiten **64-65**
Noodnummers **84**

O
Onderhouds- en andere producten **142**
Ongeval **85**
Ontbijt **118-120**
Openbaar vervoer **100**
Opticien **154**
Oriënteren (zich -) **98-99**
Overnachten **117-118**

P
Panelen en borden **86; 97**
Papierwaren **134**
Paspoortcontrole **87-88**
Pers **134**
Pijn **148-150**
Planten **114**
Platteland **112**
Politie **84; 107**
Post **104-105**

R
Religies **73**
Restaurant (bestellen) **123**
Restaurant (betalen) **123**
Restaurant (problemen) **124**
Restaurant (reserveren) **122**
Richting (vragen/aanwijzen) **98-100**
Rookwaren **138-139**

S
Schoenen **135-138**
Schoenmaker **138**
School **70**
Seizoenen **82**
Snacks **127-128**
Souvenirs **142**
Spoed **84-85; 149**
Sport **110-112**
Stadsbezoek **100-103**
Stomerij **135**
Strand **111**
Studie **70**

T
Talen begrijpen **60-61**
Tandarts **154**
Taxi **92**
Telefoon **104-105**
Tentoonstellingen **101; 147-148**
Theater **102**
Tijd **78-83**
Toilartikelen **141**
Traditi es **83**
Tram **100**
Trein **86-87; 90-91**
Tweewieler **92**

U
Uiterlijk **68**
Uitnodiging **75-76**
Uur **78-80**

V
Vliegtuig **88-89**
Vogels **114-116**
Voorstellen (zich -) **63-64**
Vragen en antwoorden **59-60**

W
Wasserij **135**
Weer **74**
Wensen (verjaardag, feesten,...) **58; 67**
Werk **70-72**
Winkelen **131-133**
Winkels **131-132**
Wisselkantoor **88**

Z
Zwemmen **111**

Duits - Uitgavenr: 3607
Gedrukt in januari 2017 in Slovenië